FOOT SPIRIT

#1

TIMOTHY **WEAH**

VINÍCIUS **JÚNIOR**

JADON **SANCHO**

KYLIAN **MBAPPÉ**

ERLING HAALAND

LE PHÉNOMÈNE

LES ESPOIRS DU FOOT EUROPÉENS

FOOT SPIRIT

SOMMAIRE

COUVERTURE
Martin Laignel

DIRECTION ARTISTIQUE
Caroline Laleta Ballini / Studio So What Co., Ltd.

12 rue Mozart, 92110 Clichy
ISBN : 978-2-38058-427-1
Dépôt légal : septembre 2023
Achevé d'imprimer en septembre 2023 par Pollina en France - 47976

LE PHÉNOMÈNE ERLING HAALAND

Le monde du football voit périodiquement paraître de jeunes joueurs prometteurs. Certaines se perdent, d'autres confirment. C'est le cas d'Erling Haaland. Partout où il passe, en Autriche, en Allemagne, en Angleterre, le jeune prodige norvégien n'en finit pas d'impressionner.

Lors de la saison 2022-2023, avec le club de Manchester City, il se montre particulièrement efficace. C'est l'année de tous les succès pour l'équipe anglaise. Il parvient à marquer 56 buts en 57 matchs, toutes compétitions confondues. Il devient ainsi le meilleur marqueur de Premier League, détrônant le grand Alan Shearer et ses 34 buts.

L'actuelle superstar de l'équipe nationale norvégienne est devenue un pur cauchemar pour les défenses. Son physique, sa puissance et son sens du but en font actuellement l'un des meilleurs attaquants du monde. À 23 ans, avec son rythme de progression, il n'a d'ailleurs pas fini de surprendre…

Erling Haaland voit le jour dans une famille de sportifs. Son père est footballeur professionnel, sa mère spécialiste de l'heptathlon.

ERLING HAALAND L'EXTRA-TERRESTRE

LE JOUEUR NORVÉGIEN VOIT LE JOUR À LEEDS, EN ANGLETERRE, LE 21 JUILLET 2000.

Sur les traces de son père, le jeune Norvégien porte actuellement le maillot des Citizens.

Le Norvégien – qui bénéficie d'ailleurs de la double nationalité – est issu d'une famille de grands sportifs. Sa mère, Gry Marita Braut, est une heptathlète assez brillante. Son père, Alf-Inge Haland est un ancien footballeur professionnel qui a joué dans plusieurs clubs européens de haut niveau, notamment Leeds United et Manchester City.

Alf-Inge Haaland a su séduire le Kop d'Elland Road, le stade de Leeds United.

Il est le cadet des trois enfants du couple, avec sa sœur Gabrielle et son frère Astor. En 2004, la famille quitte l'Angleterre et retourne vivre en Norvège. Elle s'installe à Bryne, une petite ville située dans la municipalité de Time, dans le comté de Rogaland, au sud-ouest du pays, non loin de la ville de Stavanger.

Cette cité calme et paisible offre un environnement exceptionnel, typique de la Norvège rurale. Elle est au cœur de magnifiques paysages, avec des collines, des forêts et des lacs. Bryne bénéficie aujourd'hui de la notoriété de l'attaquant, devenant un lieu d'intérêt pour les fans et les médias.

C'est au cœur de cette nature généreuse que le jeune Erling va grandir. Sans doute inspiré par son père, il commence très vite à jouer avec un ballon, d'abord dans la rue, avec ses amis, et assez rapidement dans le club de Bryne FK qui assure sa formation.

LE PREMIER CLUB

BRYNE FK

Sous les couleurs du Bryne FK, Erling Haaland fait vibrer les supporters.

Pour ce club norvégien créé en 1926 – l'un des plus anciens du pays –, l'arrivée d'une pépite de l'envergure d'Erling Haaland est une bénédiction.

Pendant des décennies, le Bryne FK évolue dans les divisions inférieures du football norvégien. Il passe à la vitesse supérieure dans les années 1970 et 1980, parvenant à gravir les échelons du championnat national, en obtenant de bons résultats. En 1987, il vit son heure de gloire en remportant la Coupe de Norvège. Durant la fin du siècle, le club connaît des hauts et des bas. Le Bryne FK joue ses matchs dans un stade de petite capacité, le « Bryne Stadion ». La passion des fans locaux pour leur équipe reste forte, surtout depuis le passage du prodige…

Le prodige norvégien
intègre l'équipe nationale
des moins de 15 ans.

SUR LES TRACES DU PÈRE

ALF-INGE HÅLAND

Alf-Inge Haaland évolue en défense. Ses duels avec l'Irlandais Roy Keane sont restés célèbres.

Alf-Inge Håland, le père d'Erling, voit le jour à Stavanger, en Norvège, en 1972. À l'instar de son fils, il passe le début de sa carrière au Bryne FK où il se fait une réputation de défenseur central physique et rugueux. Remarqué par les clubs anglais, il s'engage avec Nottingham Forest en 1994. Il rejoint ensuite Leeds United pour trois ans, jouant à l'arrière ou au poste de milieu défensif. En 2000, après la naissance de la future star, il change à nouveau de club et arrive à Manchester City, pour trois saisons. Durant la première – 2000-2001 –, il est titulaire à chaque match, ou presque.

Partout où il passe, Alf-Inge Haaland laisse l'image d'un défenseur physique et rugueux.

À la 86e minute d'un derby contre Manchester United, le 21 avril 2001, le Norvégien s'écroule, victime d'un tacle assassin l'Irlandais Roy Keane. L'agressé se relève très difficilement et l'agresseur reçoit un carton rouge. Ce tacle est pour beaucoup l'un des plus violents du Championnat anglais. Il est surtout une incroyable réponse à un autre tacle, tout aussi dangereux, infligé trois ans plus tôt par le Norvégien à l'Irlandais, dans la surface de réparation de Leeds United. Ce dernier prépara patiemment sa vengeance, au point de ne jamais regretter ce geste délibéré. Cette blessure précipita sans doute la fin de carrière de Alf-Inge Håland qui décida de rentrer en Norvège quelques années plus tard.

GRY MARITA BRAUT

UNE MÈRE AU CŒUR DU SPORT

Gry Marita Braut suit de près la carrière de son fils.

Gry Marita Braut, la mère d'Erling Haaland, est née en Norvège, dans les années 1970. Cette athlète complète a remporté le titre de championne nationale d'heptathlon – 200 m, saut en longueur, lancer du poids, saut en hauteur, 100 m haies, lancer de javelot et 800 m. Cette mère hyper sportive a sans doute transmis à son fils ses qualités physiques et le goût de l'effort.

Erling Haaland,
avec le numéro 10,
durant un match
contre l'Angleterre.

À ses débuts, Erling Haaland était plutôt petit et assez maigre. Dans le club de Bryne FK, la qualité du jeu d'Erling Haaland n'est pas immédiate.

L'ENFANCE DE L'ARTISTE, BALLE AU PIED

La croissance change la donne. C'est un véritable athlète qui s'engage au Molde FK.

Le gabarit et le physique du jeune Erling ne manquent évidemment pas d'étonner ses formateurs. Sa puissance, sa vitesse et son sens inné du but sautent aux yeux. Ce n'est visiblement le cas de tout le monde. Testé par le TSG Hoffenheim, il n'est finalement pas retenu. Après cette déconvenue, il fait donc ses débuts dans le club de Bryne.

En 2015, il joue avec la réserve, en quatrième division. Déjà redoutable, il parvient à marquer à 18 reprises en 14 matchs. Il est appelé en équipe première – deuxième division norvégienne – au printemps de l'année suivante. La marche est sans doute trop haute. Le plus souvent remplaçant, il ne parvient pas à s'imposer, ne marquant aucun but en 16 matchs et ne parvenant pas à éviter la relégation du club.

En février 2017, il quitte son club formateur et s'engage au Molde FK. Les dirigeants n'ont pas le temps de regretter leur choix... En avril, lors de son premier match, il inscrit un premier but contre Volda TI, en Coupe de Norvège, permettant à son équipe de passer le tour. En championnat, l'éclosion est plus lente. Il trouve le chemin des filets en août, contre Tromso. Pour ce galop d'essai, il termine la saison avec 4 buts pour 20 matchs, rentrant souvent comme remplaçant.

La moisson est plus généreuse l'année suivante. Il signe notamment un quadruplé contre le SK Brann et un doublé contre Valerenga. L'attaquant norvégien brille également en Ligne Europa. Le bilan de la saison 2018-2019 prouve sa valeur, s'il en était encore besoin. En une trentaine de matchs, il trouve le chemin des filets à 16 reprises. Il monte ainsi sur la troisième marche du podium des meilleurs marqueurs du Championnat norvégien. Né « Erling Braut Haland » il change d'état civil en 2018, au début de son épopée européenne, abandonnant « Braut » et ajoutant un « a » à son nom. Erling Haaland est à présent face à son destin.

LA GAFFE DU TSG HOFFENHEIM

Testé par le TSG Hoffenheim, Erling Haaland n'est finalement pas retenu.

Alors qu'il joue avec la réserve de Bryne – il n'a pas encore 16 ans –, Erling Haaland est contacté par le TSG Hoffenheim. Le club allemand l'invite pour une semaine d'essai. Tout le staff de l'académie est dithyrambique. Ils tiennent leur futur attaquant… Arrivent les tractations financières qui préludent la signature d'un éventuel contrat. Le jeune norvégien exige 5 000 euros par mois. Le TSG Hoffenheim lui propose deux fois moins. Fin de l'histoire. Erling Haaland rentre en Norvège.
On imagine, rétrospectivement, le moment de solitude qu'ont dû vivre les dirigeants du club du Bade-Wurtemberg, après avoir laissé envoler la star en devenir…

Les supporters manquent une bonne occasion de s'enthousiasmer.

LE DEUXIÈME CLUB : MOLDE FK

Jusqu'à l'arrivée d'Erling Haaland, Ole Gunnar Solskjaer est le joueur emblématique du Molde FK.

Molde est une ville de la côte Ouest de la Norvège. Son club de football est fondé en 1911. C'est ainsi l'un des plus anciens du pays. Faisant bonne figure au niveau national, Molde FK est aussi connu grâce à un autre joueur de talent : Ole Gunnar Solskjaer.

Molde FK a remporté plusieurs titres de champion de Norvège, notamment en 2011, 2012, 2014, et 2019.

Le club Molde FK est régulièrement présent dans les compétitions européennes, en Ligue Europa et en Ligue des champions. Le club a réussi à réaliser quelques bonnes performances dans ces compétitions, attirant l'attention sur la scène européenne. L'équipe joue ses matchs à domicile au Aker Stadion, d'une capacité de 11 000 places, inauguré en 1998.

Le stade du Molde FK, quasiment les pieds dans l'eau…

Beaucoup de joueurs, nés en 2000, sont aujourd'hui les stars des terrains européens.

NÉS AVEC LE SIÈCLE ET DÉJÀ EXCEPTIONNELS

UNE ÉQUIPE DE FEU !

Maxence Caqueret, Thimothy Weah et Jean Onana.

LA PLUPART DE CES JEUNES, DÉJÀ STARS, ONT INTÉGRÉ LES PLUS GRANDES ÉQUIPES PROFESSIONNELLES. ILS S'ILLUSTRENT CHAQUE SEMAINE SUR LES TERRAINS EUROPÉENS. À L'IMAGE D'ERLING HAALAND, QUELQUES-UNS SONT DE VÉRITABLES PHÉNOMÈNES, NOTAMMENT UN CERTAIN KYLIAN MBAPPÉ...

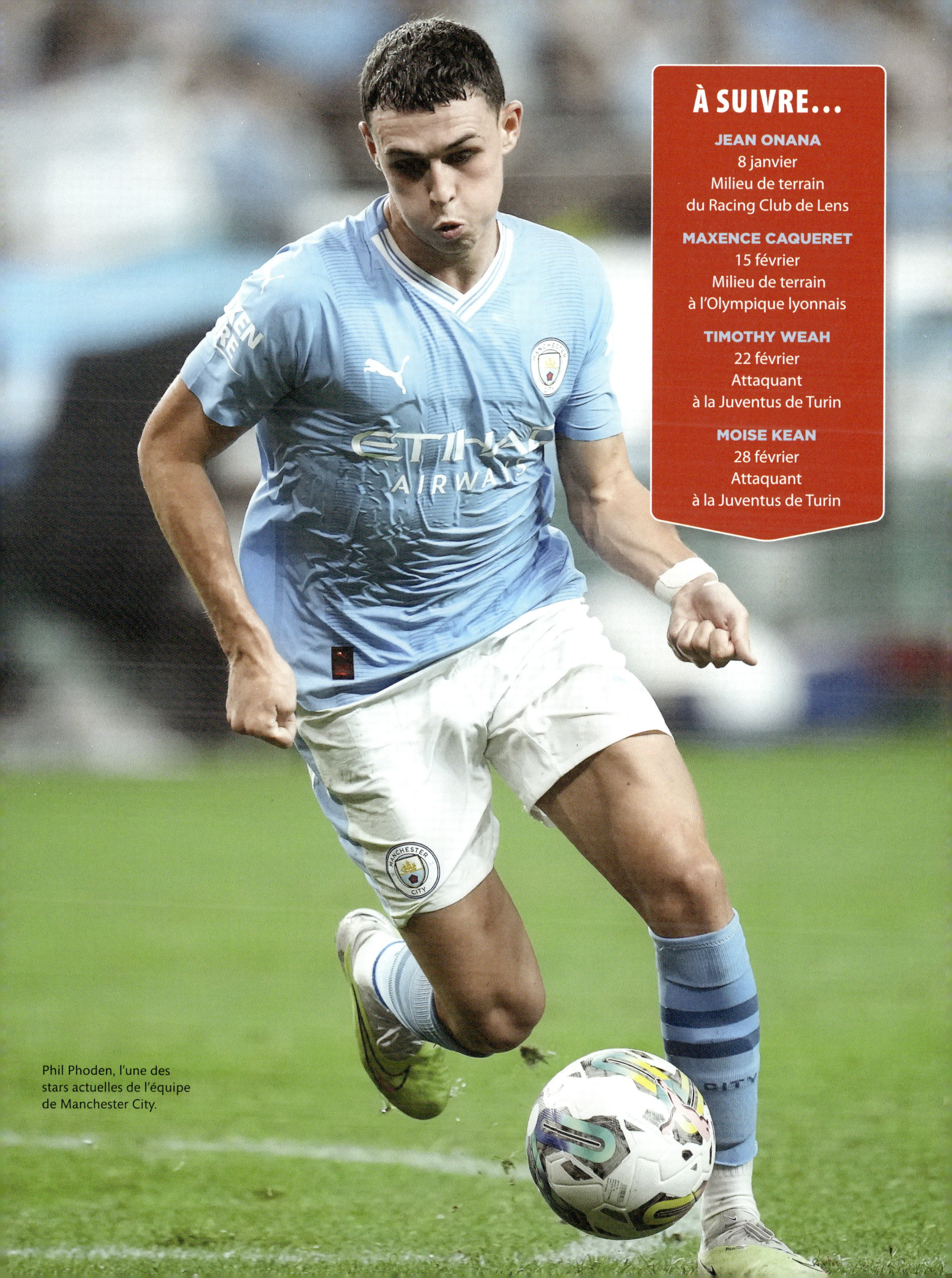

À SUIVRE...

JEAN ONANA
8 janvier
Milieu de terrain
du Racing Club de Lens

MAXENCE CAQUERET
15 février
Milieu de terrain
à l'Olympique lyonnais

TIMOTHY WEAH
22 février
Attaquant
à la Juventus de Turin

MOISE KEAN
28 février
Attaquant
à la Juventus de Turin

Phil Phoden, l'une des stars actuelles de l'équipe de Manchester City.

SANDRO TONALI
8 mai
Milieu défensif
de Newcastle United

RYAN SESSÈGNON
18 mai
Défenseur
de Tottenham Hotspur

SOFIANE DIOP
9 juin
Milieu de terrain
à l'OGC Nice

EMANUEL VIGNATO
24 août
Ailier droit
au Bologne FC

ANGEL GOMES
31 août
Milieu de terrain
au LOSC

CALLUM HUDSON-ODOI
7 novembre
Attaquant
de Chelsea

5

4

1 Moise Kean
2 Anthony Gordon et John McGinn
3 Sofiane Diop
4 Ryan Sessègnon
5 Emanuel Vignato
6 Angel Gomes
7 Callum Hudson-Odoi

6

7

DÉJÀ OMNIPRÉSENT...

DUSAN VLAHOVIC

28 JANVIER – AVANT-CENTRE À LA JUVENTUS (2022-2023)

Dusan Vlahovic a toutes les qualités pour marquer beaucoup de buts dans les années qui viennent.

Cet attaquant, de 1,90 m pour 75 kg, voit le jour à Belgrade, en Serbie. Il commence sa carrière en 2014 au Partizan Belgrade, avant de rejoindre la Fiorentina pour la saison 2018-2019. Après deux saisons en demi-teinte, son talent commence à s'imposer en 2020. Il marque 21 buts en série A et confirme l'année suivante avec 17 buts.

Athlétique, assez bon dribbleur, bon joueur de tête, bon marqueur… Il rejoint la Juventus de Turin pour la saison 2021-2022, marquant 7 buts pour 15 apparitions en Série A. L'année suivante reste, elle aussi en demi-teinte : 10 buts en 27 matchs. Dusan Vlahivoc n'en intéresse pas moins de nombreux clubs européens en quête d'attaquants de classe.

Il devient également un élément important de l'équipe de Serbie. Après avoir été capitaine des moins de 19 ans, il intègre l'équipe nationale avec une première sélection en octobre 2020. Il est dans la sélection de la Coupe du monde 2022. En 21 matchs internationaux, Dusan Vlahivoc a marqué 13 buts…

Dusan Vlahovic est
également un atout
majeur pour l'équipe
nationale de Serbie.

Après deux années passées à Manchester City, le talentueux Ferran Torres signe au Barça.

DÉJÀ OMNIPRÉSENT...

FERRAN TORRES GARCIA

29 FÉVRIER – AILIER AU FC BARCELONE

Durant son passage outre-Manche, le joueur espagnol est deux fois Champion d'Angleterre (2021 et 2022) et finaliste de la Ligue des Champions (2021).

Du haut de ses 1,84 m, cet Espagnol a vu le jour dans la province de Valence. Ailier de métier, il peut également se montrer performant en attaque. Sa polyvalence lui permet de jouer à différents postes offensifs. Il entame sa carrière professionnelle au Valence FC, de l'académie des jeunes à l'équipe première, avec laquelle il fait son premier match à l'âge de 17 ans. En 2020, il travers la Manche et rejoint Manchester City et la Premier League, une autre culture, un autre football. Sous la direction de Pep Guardiola, il gravit des échelons. En 43 matchs, il marque 16 buts, attisant la convoitise du FC Barcelone qu'il rejoint l'année suivante.

Ferran Torres fait également une brillante carrière en équipe nationale qu'il intègre en 2016, avec les moins de 17 ans. En 2020, il rejoint l'équipe première avec laquelle il a déjà joué 35 matchs et marqué 15 buts.

DÉJÀ OMNIPRÉSENT...

VINICIUS JÚNIOR

12 JUILLET - AILIER GAUCHE DU REAL MADRID

Vinicius Júnior commence sa carrière au Brésil, dans le club de Flamengo.

Il a impressionné en 2023, aux côtés de Karim Benzema, avec lequel il constitue l'attaque magique du Real Madrid. Ce Brésilien est né à Sao Gonçalo, près de Rio de Janeiro. Au Brésil, il commence sa carrière comme défenseur dans le club prestigieux du Flamengo, avant que sa vitesse explosive le destine naturellement au poste d'ailier gauche. Il se montre si exceptionnel qu'il attise la convoitise des clubs européens. La pépite brésilienne arrive au Real Madrid en 2018, alors sous la direction de Julen Lopetegui. À mesure que sa carrière avance, Vinícius Júnior est considéré comme l'un des talents les plus impressionnants du football mondial. Son potentiel et son talent lui offrent de belles perspectives. En quelque 220 matchs, le virtuose brésilien a marqué 58 buts.

Il fait son entrée dans l'équipe brésilienne des moins de 15 ans, avant de gravir les échelons qui le conduisent à l'équipe première, en 2019. En 23 apparitions, il a marqué à trois reprises.

Sur le terrain, balle au pied, le jeune Brésilien est un véritable feu follet.

Alphonso Davies est un joueur du Bayern Munich depuis 2019.

DÉJÀ OMNIPRÉSENT...

ALPHONSO DAVIES

2 NOVEMBRE - AILIER AU BAYERN MUNICH

Le joueur ghanéen est un véritable poison pour les défenses adverses.

Né à Buduburam, au Ghana, Alphonso Davies s'est rapidement fait remarquer par sa vitesse et sa capacité à jouer latéral ou ailier gauche. Formé au club de développement des Vancouver Whitecaps FC, le Canadien a rejoint l'équipe première dès 2016. C'est là que son talent précoce a attiré l'attention des Européens. Il est ainsi devenu le joueur canadien le plus cher de l'Histoire, en janvier 2019, lors de son transfert au Bayern Munich. Sa vitesse et à sa capacité à percer les défenses adverses, lui permettent de défendre et d'attaquer avec la même efficacité, faisant de lui l'un des meilleurs à ce poste.

Avec le club allemand, il a déjà emporté plusieurs titres, dont plusieurs Championnats de Bundesliga et une Ligue des champions lors de la saison 2019-2020.

Alphonso Davies est également joueur clé de l'équipe nationale du Canada.

DÉJÀ OMNIPRÉSENT...

JADON SANCHO

25 MARS – ATTAQUANT DE MANCHESTER UNITED

Les parents de Jadon Sancho sont originaires de Trinité-et-Tobago. Le jeune joueur a grandi à Londres.

Jadon Sancho voit le jour à Londres. Il entame sa carrière de joueur au Watford FC avant d'intégrer l'académie de Manchester City et de passer professionnel en 2017, au Borussia Dortmund. L'attaquant s'illustre rapidement en Bundesliga grâce à sa vitesse, sa technique de dribble impressionnante et ses qualités de passeur et de buteur. Ses performances ne passent évidemment pas inaperçues. Il est sollicité par de plus grands clubs européens. On parle d'Arsenal, de Tottenham, du Bayern Munich... En 2021, il est finalement transféré à Manchester United.

Dès 2015, Jadon Sancho est également appelé en équipe nationale d'Angleterre, des moins de 16 à l'équipe première. L'ailier anglais est apprécié pour sa créativité, sa vision du jeu et son sens du but. Son style de jeu dynamique et divertissant en a fait l'un des joueurs les plus excitants à regarder.

Après un passage à Manchester City et au Borussia Dortmund, Jadon Sancho a intégré l'équipe de Manchester United en 2021.

Le joueur français est très souvent décisif avec son club du Paris Saint-Germain.

SAISONS AU PSG

2022 – 2023
42 matchs = 36 buts

2021 – 2022
43 matchs = 34 buts

2020 – 2021
41 matchs = 35 buts

2019 – 2020
30 matchs = 23 buts

2018 – 2019
37 matchs = 37 buts

L'AUTRE PHÉNOMÈNE

KYLIAN MBAPPÉ

Kylian Mbappé n'a pas encore eu la chance de remporter la Ligue des Champions.

Il voit le jour le 20 décembre 1998 à Paris, dans le 19e arrondissement. C'est, avec Erling Haaland, le joueur dont on parle le plus en Europe, surtout depuis que des stars comme Lionel Messi ou Cristiano Ronaldo changent progressivement de statut.

Véritable phénomène du football mondial, Kylian Mbappé a grandi à Bondy, en Seine-Saint-Denis. Il touche ses premiers ballons sur le terrain de l'Association sportive de la ville dès 2004. En 2011, les instructeurs de l'Institut national de football de Clairefontaine mettent rapidement en évidence sa vitesse, sa technique de dribble, son instinct de buteur et son intelligence tactique.
Ce niveau de performances va s'affirmer d'année en année. Le jeune prodige commence réellement sa carrière à l'AS Monaco en 2015. La saison suivante, il prend une part active dans le succès du club qui remporte le titre de Champion de France et atteint les demi-finales de la Ligue des champions.
En 2017, il est transféré au Paris Saint-Germain où il va prendre plus de maturité et montrer une redoutable efficacité. Ses résultats en club sont prodigieux.
En plus de ses réalisations en club, Kylian Mbappé a déjà reçu de nombreuses distinctions individuelles, comme le Trophée Kopa – Meilleur joueur de moins de 21 ans –, ou encore le Soulier d'or – meilleur buteur – de la Ligue 1.
La Coupe d'Europe est sans doute le rare trophée qui échappe encore à Kylian Mbappé. Le parcours du PSG dans cette compétition a connu des hauts… et surtout des bas. Le jeune prodige est le meilleur marqueur, avec un total de 39 buts. Il est suivi d'Edinson Cavani – 30 buts –, de Neymar – 22 buts – et de Zlatan Ibrahimovic – 20 buts.
Le club de la capitale a notamment atteint les demi-finales en 2021 et la finale en 2020 ; match perdu face au Bayern Munich – 1 à 0, but de Kingsley Coman… un ancien Parisien.

CHAMPION DU MONDE !

"DONATELLO"

Erling Haaland ne connaîtra sans doute jamais la joie de gagner la Coupe du monde.

C'est le surnom que lui ont donné ses coéquipiers à un moment de sa carrière. « Donatello » fait référence au personnage des Tortues Ninja le plus intelligent, rapide et agile… Exactement le style de jeu de la star française.

Avantage de Kylian Mbappé sur Erling Haaland… Il accroche la Coupe du monde de Football à son palmarès… Sauf énorme surprise et malgré son immense talent, ce titre échappera sans doute au Norvégien. Son équipe nationale n'est pas au top de l'UEFA.

En 2018, cette épreuve, de très loin la plus prestigieuse, notamment pour son aura mondiale, est organisée en Russie, du 14 juin au 15 juillet. L'équipe de France la remporte, en battant la Croatie 4 buts à deux. Le jeune attaquant français est la véritable révélation de la compétition, marquant plusieurs buts décisifs. Il est élu Meilleur jeune du tournoi et remporte ainsi le Trophée Kopa.

En 2022, lors de la curieuse et hivernale Coupe du monde au Qatar, Kylian Mbappé est finaliste et meilleur buteur de la compétition. Pour la saison 2023-2024, il continue son épopée magnifique avec le Paris Saint-Germain.

Kylian Mbappé est la véritable révélation de la Coupe du monde, organisée en Russie en 2018.

En 2019, Erling Haaland quitte la Norvège et s'engage au Red Bull Salzbourg, en Autriche.

LA TERREUR DES SURFACES

LE 1er JANVIER 2019, ERLING HAALAND ARRIVE EN AUTRICHE. IL S'EST ENGAGÉ, QUELQUES MOIS PLUS TÔT, AU RED BULL SALZBURG.

1ER JANVIER 2019

UN JOUEUR PLEIN D'ÉNERGIE AU RED BULL SALZBOURG

PASSAGE ÉCLAIR ET PROMETTEUR

C'est dans ce club que l'Europe découvre l'étendue du talent du jeune Norvégien.

Après quelques semaines d'adaptation, il est titularisé le 17 février pour un match de Coupe d'Autriche, contre le club de Wiener Neustadt. Pour ce baptême, le Red Bull Salzbourg l'emporte 2 buts à 1.

Une semaine plus tard, le club est opposé au Rapid de Vienne pour le compte du Championnat autrichien. Erling Haaland et son numéro « 30 » est remplaçant. Il rentre à la 76e minute, mais ne peut rien pour éviter la défaite. Résultat : 2-0 pour le Rapid – buts de Berisha et Schwab… Il rentre à cinq reprises jusqu'au terme du Championnat. Haaland marque son premier but autrichien le 12 mai, contre l'équipe de LASK Link. Patrick Farkas lui fait la passe décisive à la 13e minute. Pour faire bonne mesure, il devient lui aussi passeur, délivrant un caviar à Fredrik Gulbrandsen à la 37e minute. Score final, 2-1 pour le Red Bull Salzbourg. Fin du premier acte.

La première saison « pleine » du prodige norvégien – 2019-2020 – révèle sa vraie nature. Il marque notamment 16 buts en 14 rencontres, dont un triplé en Ligue des Champions, contre le KRC Genk. Il est élu « joueur de l'année » en Autriche. Cette gloire naissance attise naturellement les convoitises d'autres clubs européens.

Durant cette saison en Autriche, le Norvégien joue 29 matchs et marque 29 buts.

Le phénomène Haaland propulse un peu plus le club autrichien sous les feux de l'actualité.

LE RED BULL SALZBOURG

Le club est Champion d'Autriche à 17 reprises, notamment ces dernières années.

Créé en 1933, d'abord connu sous le nom d'Austria Salzbourg, le club est rebaptisé à plusieurs reprises avant d'être repris par le groupe Red Bull Salzbourg, en 2005.

Avec ce nouveau départ, il devient l'une des composantes importantes de la « Bundesliga » autrichienne, remportant le Championnat à plusieurs reprises et accrochant, par la même occasion, une certaine notoriété sur la scène internationale, à travers sa participation à la Ligue des champions et à la Ligue Europa. De bons parcours dans ces compétitions, permettent au club d'accroître sa notoriété.

Le club est basé au stade Red Bull Arena, également connu sous le nom de « Wals-Siezenheim », implanté à proximité de Salzbourg. Il est également connu pour sa politique de recrutement axée sur les jeunes talents. Erling Haaland est l'archétype des joueurs sur lesquels le Red Bull Salzburg aime miser.

LE RED BULL SALZBOURG EN CHIFFRES

Club fondé en 1933

10 fois Champion d'Autriche

9 Coupes d'Autriche

3 Super Coupes d'Autriche

2 doublés Coupe-Championnat 2014 et 2017

1 finale de la Ligue Europa en 1994

Stade : la « Red Bull Arena » de 30 000 places

LE MEILLEUR BUTEUR DU CLUB

MUNAS DABBUR

Après le club autrichien, le joueur israélien est transféré au FC Séville, puis à Hoffenheim.

Cet international israélien est né en 1992 à Nazareth. En 2010, il rejoint le Maccabi Tel-Aviv. Ses premières performances de buteur sont intéressantes : 28 buts en 91 rencontres.

Elles deviennent plus intéressantes encore quand il arrive aux Grasshopper de Zurich, en 2014 – 56 buts en 105 rencontres – et au Red Bull Salzbourg à partir de 2016 – 72 réalisations en 128 matchs.

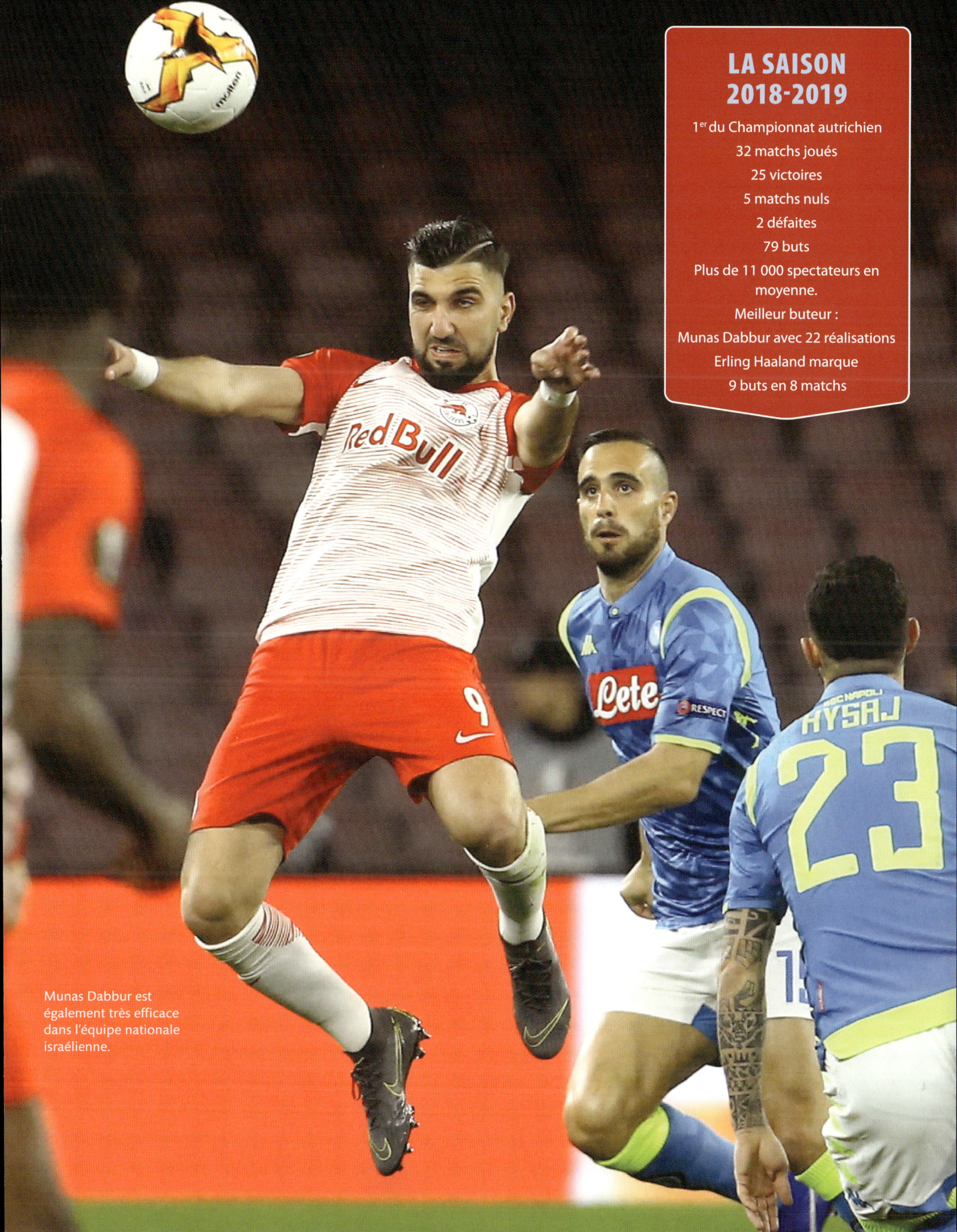

LA SAISON 2018-2019

1er du Championnat autrichien

32 matchs joués

25 victoires

5 matchs nuls

2 défaites

79 buts

Plus de 11 000 spectateurs en moyenne.

Meilleur buteur :

Munas Dabbur avec 22 réalisations

Erling Haaland marque

9 buts en 8 matchs

Munas Dabbur est également très efficace dans l'équipe nationale israélienne.

Erling Haaland ne joue pas tous les matchs de la saison. Il parvient néanmoins à marquer 16 buts.

LA SAISON 2019-2020

1er du Championnat autrichien

32 matchs joués

22 victoires

8 matchs nuls

2 défaites

110 buts

Plus de 11 000 spectateurs en moyenne.

Meilleur buteur : Patson Daka avec 24 réalisations

Erling Haaland marque

24 buts en 20 matchs

LE MEILLEUR BUTEUR DU CLUB

PATSON DAKA

Après le Red Bull Salzburg, le joueur ghanéen est transféré à Leicester en 2021.

Né en 1998 à Chingola, en Zambie, l'attaquant arrive en Autriche le 1er janvier 2017. Il s'engage au Red Bull Salzbourg. Il est meilleur buteur du club à deux reprises. En 2021, il rejoint l'équipe de Leicester en Premier League. Durant la saison, il joue 74 matchs et marque à 16 reprises. En équipe de Zambie, il marque 8 buts en 20 matchs.

LES QUALITÉS DE L'ATTAQUANT MODERNE

Les grands clubs européens savent l'importance de leurs attaquants et, plus encore, de leurs avants-centres. Ils sont là pour marquer, pour concrétiser une domination et remporter les matchs.

Leurs qualités premières varient naturellement avec le style de jeu de l'équipe et le système tactique mis en place par l'entraîneur. Des tendances s'affirment néanmoins, associées à un physique tonique et puissant…

La capacité de marquer

Voilà ce que l'on attend de l'attaquant d'exception. Le sens du but est bien entendu l'atout majeur. Il est partiellement acquis à force de travail, d'entraînement… mais pas seulement ! Les avants-centres mythiques ont quelque chose en plus, quelque chose d'indéfinissable, une touche de génie qui semble littéralement tomber du ciel. Des pieds sûrs, une bonne puissance, un excellent jeu de tête sont les prérequis pour mettre le ballon au fond des filets et bien figurer au palmarès des plus grands attaquants modernes.

La vitesse et la virtuosité

Le buteur ultra prolifique est presque obligatoirement rapide et adroit, capable de se frayer un chemin dans les défenses les plus hermétiques.

La technique, balle au pied

Un attaquant doit posséder un contrôle de balle irréprochable et avoir un dribble déroutant, capable de mettre dans le vent les plus grands défenseurs.

Le sens du placement

Les grands attaquants sont, le plus souvent, servis par des ailiers d'une rare précision. Les balles arrivent généralement au millimètre. Reste que la coordination est essentielle pour que l'avant-centre soit au bon endroit au bon moment.

La vision du jeu

Une bonne vision du jeu permet d'anticiper les déplacements des coéquipiers et des adversaires. Elle permet de prendre les bonnes décisions et de se placer judicieusement.

L'intelligence tactique

Comprendre le système tactique de l'équipe et s'y adapter est crucial pour un attaquant. Il doit également exploiter les erreurs des adversaires.

La volonté de gagner

Les attaquants de haut niveau doivent être déterminés, confiants et résilients. Quelle que soit l'évolution du match, ils restent concentrés, à l'affût de la moindre opportunité qui pourrait faire basculer le résultat.

Le jeu en équipe

Le travail en équipe permet de prendre en compte la construction du jeu, d'attaquer quand il le faut, mais aussi de défendre haut, si le besoin s'en fait sentir.

Toutes ces qualités, tous ces atouts, sont ceux d'Erling Haaland. Avec son physique hors normes, il a ce pouvoir exceptionnel d'affoler les défenses et de trouver le chemin des filets.

Sur tous les terrains, ce sont surtout les attaquants qui assurent le spectacle.

En termes de spectacle,
Erling Haaland est
passé maître dans l'art
d'enthousiasmer
les foules.

La popularité du joueur norvégien se mesure également en nombre de maillots vendus.

DU NEUF CHEZ LES “9” EUROPÉENS

CHAQUE SAISON, SUR LES TERRAINS EUROPÉENS, LES ATTAQUANTS ENCHANTENT LES SUPPORTERS...

Valeur sûre du futur de l'équipe de France, Randal Kolo Muani se révèle notamment en Coupe du monde.

LA COUR DES GRANDS

Le football européen a toujours compté des attaquants de grande valeur.

ILS ONT L'ISSUE DE CHAQUE MATCH AU BOUT DU PIED. LES PLUS SPECTACULAIRES NE SONT PAS TRÈS NOMBREUX TANT LEURS QUALITÉS DOIVENT ÊTRE GRANDES. DES JOUEURS COMME ERLING HAALAND ET RANDAL KOLO MUANI APPORTENT UN VENT DE FRAÎCHEUR SUR LES ATTAQUES EUROPÉENNES. LES GÉNÉRATIONS SE SUIVENT... ET SE RESSEMBLENT !

DES ATTAQUANTS "TAILLE PATRON"

LES CONCURRENTS DIRECTS

Erling Haaland fait aujourd'hui partie de la jeune garde des grands attaquants des clubs européens... Karim Benzema, Romelo Lukaku, Ciro Immobile... En Premier League comme en Coupe d'Europe, il entre en lice contre d'autres légendes.

VICTOR OSIMHEN

Après un passage au LOSC, Victor Osimhen enchante les supporters napolitains.

Né en 1998, à Lagos, au Nigeria, Victor Osimhen est l'archétype de l'attaque moderne. Ses fulgurances ont enchanté les Dogues, avant qu'il rejoigne le Napoli pour des saisons d'enfer qui débouchent sur un titre de Champion d'Italie. Avec ses 1,86 m, il brille en série A, meilleur buteur en 2023. C'est actuellement l'un des « 9 » les plus redoutés par les défenses.

Il débute sa carrière européenne en 2017, au VfL Wolfsburg. Après avoir joué 16 matchs, sans marquer, il traverse les frontières et pose ses valises en Belgique. C'est dans le club de Charleroi qu'il commence à s'exprimer : 36 matchs et 20 buts. Sa réputation commence à le précéder... En 2019, il arrive en Ligue 1, au LOSC, marquant 18 buts en 38 matchs. L'année suivante, il passe en Italie et devient l'une des vedettes du Napoli, le club d'Aurelio De Lanrentiis. Avec l'équipe du Nigeria, il a marqué 15 buts en 24 matchs.

Ce pur attaquant, rapide et puissant, est capable de véritables prouesses sur le terrain.

Récemment transféré
au Bayern Munich,
Harry Kane va enchanter
le public allemand.

HARRY KANE

Comme beaucoup d'attaquants, l'Anglais a le pouvoir de changer l'issue d'un match en un instant.

Harry Kane est né en juillet 1993 à Walthamstow, dans le Grand Londres. En 2001, il entame son parcours junior au Ridgeway Rovers, en 1999, et arrive à Arsenal deux ans plus tard. Il rejoint ensuite à Watford avant de signer, en 2004, à Tottenham, un club du Nord de Londres. Après des débuts en milieu de terrain, il passe progressivement à l'attaque, sans pour autant parvenir à se faire une place. Il est alors prêté et les progrès sont phénoménaux. L'instinct du buteur fait merveille. Il est meilleur buteur du Championnat anglais en 2016, 1017 et 2021, dans l'équipe de Tottenham. Le club atteint par ailleurs la finale de la Ligue des Champions en 2019.

Harry Kane se fait également une place dans l'équipe nationale anglaise. En 84 matchs, il met la balle au fond des filets 58 reprises. C'est aujourd'hui l'un des attaquants les plus convoités d'Europe. Il joue au Bayern Munich.

ROBERT LEWANDOWSKI

Après l'Allemagne, le génie polonais poursuit sa carrière à Barcelone.

L'attaquant polonais voit le jour à Varsovie, en août 1988. En 2006, il débute sa carrière professionnelle, en Pologne. Il joue pour Znicz Pruszków, puis pour Lech Poznań. En 2010, il a rejoint le club allemand du Borussia Dortmund, où il donne le réel aperçu de son immense talent. Il remporte deux titres de Bundesliga – 2011 et 2012 – et devient l'un des principaux artisans de l'arrivée en finale du club en Ligue des champions en 2013. L'année suivante, Robert Lewandowski signe au Bayern Munich. Il devient un élément clé de l'attaque du club avec lequel il remporte de nombreux titres, du Championnat à la Ligue des champions. Au cours de la saison 2020-2021, il marque 41 buts en Bundesliga, établissant un nouveau record. En 2022, il rejoint le FC Barcelone pour lequel il marque 33 buts en 35 matchs.

Robert Lewandowski marque aussi de son empreinte l'équipe nationale de Pologne, marquant 79 buts en 149 rencontres.

Robert Lewandowski tente de faire oublier un autre magicien, Lionel Messi.

Randal Kolo Muani est
un artiste en devenir.

RANDAL KOLO MUANI

Avec l'Eintracht Francfort, le jeune attaquant français réalise des prouesses.

Voilà l'une des stars françaises en devenir à ce poste très exigeant… Né en 1998, à Bondy, en Seine-Saint-Denis, Randal Kolo Muani fait ses premières armes dans plusieurs clubs de la région parisienne – FC Villepinte, Tremblay FC et US Torcy. Il rejoint le FC Nantes en 2015 et poursuit son évolution. Il gravit les échelons et fait ses débuts en équipe première lors de la saison 2019-2020.
Puissant et rapide, il est capable de jouer dans différentes positions offensives. Il est doté d'une bonne technique et d'une certaine aisance dans les dribbles, ce qui lui permet de se créer des nombreuses occasions de but, en déroutant les défenses adverses. Il rejoint l'Eintracht Francfort en 2022, marquant 23 buts en 46 rencontres.
Éligible pour représenter l'équipe nationale de la République démocratique du Congo (RDC), il montre son engagement envers l'équipe de France, appelé pour la première fois en Espoirs – moins de 21 ans.
Appelé par Didier Deschamps, il participe au mondial 2022.

GABRIEL JESUS

Le joueur brésilien fait actuellement les beaux jours de l'équipe d'Arsenal.

Né en 1997 à Sao Paulo, au Brésil, est l'avant-centre idéal, également capable d'évoluer à l'aile, en soutien d'un attaquant.

Formé au club brésilien de Palmeiras, il fait ses débuts professionnels en 2015. Ses performances attirent l'attention de grands clubs européens. En janvier 2017, il rejoint Manchester City, pour un premier transfert estimé à 32 millions d'euros. En 2022, il s'engage avec Arsenal pour cinq saisons. Durant la première saison, il joue 33 rencontres et marque à 11 reprises. C'est l'un des atouts majeurs de Mikel Arteta.

Sa carrière internationale débute en 2016. Il est sélectionné pour les grands événements, notamment la Copa America et la Coupe du monde. Il marque 19 buts en 58 matchs.

L'entraîneur Mikel Artera compte sur lui pour déstabiliser les défenses adverses.

L'arrivée au Borussia Dortmund du jeune norvégien donne une nouvelle dimension à sa carrière.

29 DÉCEMBRE 2019
30 AVRIL 2022

LES PREMIERS PAS AU BORUSSIA

LA RÉELLE ENTRÉE EN SCÈNE DU JEUNE NORVÉGIEN AU RED BULL SALZBOURG DURANT LA SAISON 2018-2019 N'EST ÉVIDEMMENT PAS PASSÉE INAPERÇUE EN EUROPE.

Ce nouveau maillot va consacrer l'arrivée du joueur sur la scène internationale.

Il vient de faire des étincelles en Ligue des champions, en marquant dans chacun des cinq matchs dans lesquels il est aligné.
Le physique hors normes d'Erling Haaland, sa présence dans la surface et son sens du but ne laissent pas indifférent. Plusieurs clubs prestigieux sont intéressés, de Manchester United au Bayern Munich, en passant par le Red Bull Leipzig… Au cours de l'année 2019, on voit le buteur à plusieurs reprises à Dortmund...
Cette présence en Allemagne fait naturellement jaser. Le 29 décembre, en pleine trêve hivernale, le Borussia le fait signer pour quatre saisons. Le club allemand est alors à la troisième place de la Bundesliga. Le transfert est estimé à quelque 20 millions d'euros, montant de sa clause libératoire.
Erling Haaland est notamment recruté par le club de la Rhur pour prêter main forte à Paco Alcacer dont l'efficacité laisse un peu à désirer depuis le début de la saison.

UN TRANSFERT D'ENFER

L'arrivée d'Erling Haaland est sensée pallier la relative méforme du buteur maison : Paco Alcácer.

PACO ALCÁCER

L'Espagnol voit le jour en 1993, à Torrent. Il se fait rapidement une réputation de renard des surfaces. Sa polyvalence en attaque lui permet de commencer une brillante carrière à Valence. Transféré au FC Barcelone, il est prêté au Borussia Dordmund en 2018. Ses performances ont convaincu le club allemand de l'acheter l'année suivante. Pourtant, malgré son talent, il est confronté à des problèmes de blessures qui entrave sa progression.

LE CLUB ALLEMAND TROUVE SON ARME FATALE

Dès son arrivée au Borussia, le prodige norvégien fait parler la poudre. Il commence par une performance retentissante. Le 18 janvier, il entre au cours de la seconde mi-temps, contre le FC Augsbourg. Son équipe est alors menée 3 buts à 1. En une vingtaine de minutes, il marque un triplé et permet au Borussia de l'emporter. La semaine suivante, il signe un doublé contre Cologne… Il est naturellement élu « meilleur joueur du mois » de Bundesliga.

Il récidive le 1er février contre l'Union Berlin en marquant deux nouveaux buts. Le calcul est simple : 3 matchs, 7 buts ! Ces débuts pour le moins tonitruants vont sans doute bien au-delà des espérances des dirigeants du club… La série est bien loin d'être terminée ! Au cours de la première saison, Erling Haaland marque un total de 44 but en 40 matchs – toutes compétitions confondues –, ce qui en fait le meilleur buteur de l'Histoire du club allemand.

Le public allemand découvre progressivement le prodige norvégien. Erling Haaland anime les matchs et enthousiasme les supporters de Dortmund.

Erling Haaland n'hésite
pas à aller au contact
pour marquer un but.

Le Borussia Dortmund est l'un des clubs phares de la Bundesliga.

LE BORUSSIA DORTMUND EN CHIFFRES

Club fondé en 1909
8 fois Champion d'Allemagne
5 fois vainqueur de la Coupe d'Allemagne
6 fois vainqueur Super Coupe
1 Coupe intercontinentale (1997)
1 ligue des Champions (1997)
1 Coupe d'Europe des Vainqueurs de Coupes (1966)

LE BORUSSIA DORTMUND

Le « Signal Iduna Park » est le stade où évolue l'équipe du Borussia.

Le Borussia Dortmund est un club de football professionnel basé à Dortmund, en Allemagne. Fondé en 1909, le « Ballspielverein Borussia 09 e.V. Dortmund », ou « BVB 09 » est aujourd'hui un acteur majeur de Bundesliga. Il joue au Signal Iduna Park, ex-Westfalendtadion, l'un des plus grands stades européens avec une capacité dépassant les 80 000 spectateurs. L'ambiance y est particulièrement chaude ; un véritable enfer pour les adversaires…
Les couleurs traditionnelles du Borussia sont le jaune et le noir, qui lui ont valu le surnom de « Die Schwarzgelben ». Le blason du club arbore les lettres « BVB », assorties d'une étoile, symbolisant le premier titre de champion d'Allemagne.
Borussia Dortmund a remporté plusieurs titres, notamment durant la saison 1996-1997, gagnant, par ailleurs la Ligue des champions en battant la Juventus en finale. Le club a également remporté la Coupe d'Allemagne à plusieurs reprises.
Au niveau de la Bundesliga, BVB entretient une intense rivalité avec le FC Schalke 04, basé à Gelsenkirchen. Leurs affrontements, connu sous le nom de « Revierderby » – le derby de la Ruhr –, est l'un des plus intenses et des plus disputés d'Allemagne.
Une autre star, Michael Zorc, a marqué l'Histoire du club, jouant quelque 560 matchs, entre 1981 et 1998.

LA SAISON 2019-2020

2e de Bundesliga
34 matchs joués
21 victoires
6 nuls
7 défaites

MEILLEUR BUTEUR

Jadon Sancho avec 17 réalisations.

MEILLEUR PASSEUR

Jadon Sancho avec 16 passes décisives

LA SAISON 2020-2021

3e de Bundesliga
34 matchs joués
20 victoires
4 nuls
10 défaites

MEILLEUR BUTEUR

Erling Haaland avec 27 réalisations.

MEILLEURS PASSEURS

Jadon Sancho et Raphaël Guerreiro avec 11 passes décisives

Chaque but du jeune norvégien est l'occasion d'une célébration particulièrement démonstrative.

LA SAISON 2021-2022

2e de Bundesliga
34 matchs joués
22 victoires
3 nuls
9 défaites

MEILLEUR BUTEUR
Erling Haaland
avec 22 réalisations.

MEILLEUR PASSEUR
Marco Reus
avec 12 passes décisives

LE JOUEUR EMBLÉMATIQUE DU BORUSSIA

MARCO REUS

Marco Reus est l'une des autres stars du club allemand.

Marco Reus est né le 31 mai 1989 à Dortmund. Considéré comme l'un des joueurs les plus talentueux d'Allemagne, il commence sa carrière professionnelle à Rot Weiss Ahlen, un club allemand de troisième division. En 2009, il rejoint le Borussia Mönchengladbach et, en 2012, il s'engage avec le Borussia Dortmund, son club de cœur. Au BVB, il impose son jeu dynamique, sa vitesse et sa capacité à marquer des buts.

CE QU'ILS PENSENT DU PHÉNOMÈNE...

LUCIEN FAVRE & HANS JOACHIM WATZKE

L'entraîneur et le directeur général du Borussia ne tarissent pas d'éloges.

Lucien Favre, entraîneur du Borussia Dortmund jusqu'en décembre 2020, salut son potentiel, sa mentalité de travail et sa capacité à marquer des buts de manière régulière. Hans Joachim Watzke, le directeur général du Borussia Dortmund, a également évoqué publiquement le talent de ce joueur exceptionnel et sa propension à faire évoluer le club. En 2022, Il exprime la volonté du Borussia Dortmund de garder Erling Haaland dans l'effectif, malgré les spéculations sur un éventuel transfert. Finalement, il ne sera pas entendu et le prodige norvégien traversera la Manche.

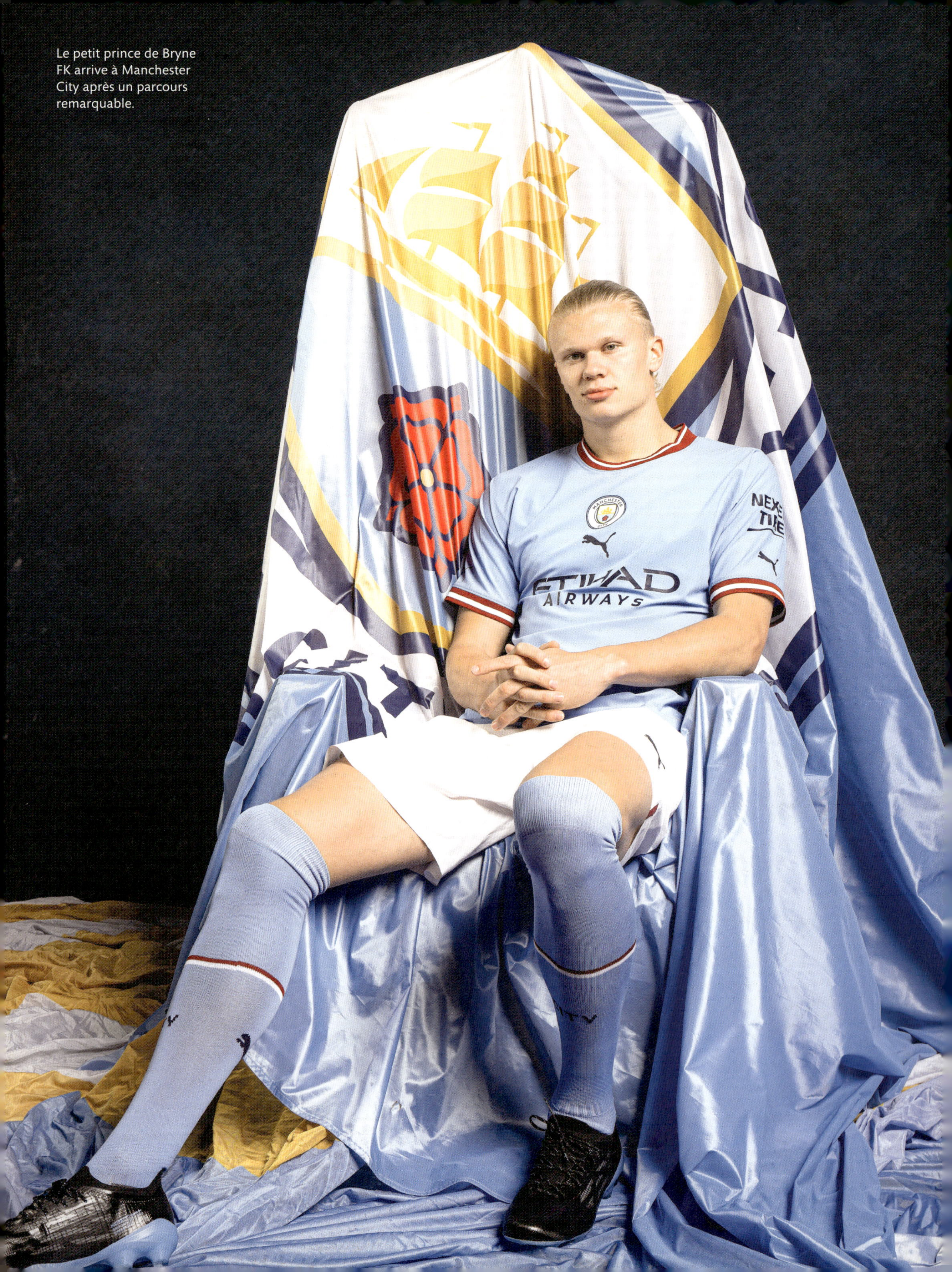

Le petit prince de Bryne FK arrive à Manchester City après un parcours remarquable.

SAISON 2022-2023

LA PÉPITE DE GUARDIOLA

COMME SI UN JOUEUR DÉBORDANT DE TALENT, DEVAIT ÊTRE PARTAGÉ AU COURS DE SA CARRIÈRE POUR RAVIR PLUS D'UN KOP, ERLING HAALAND QUITTE LA BUNDESLIGA. LE GÉNIE POUSSE AU DÉPAYSEMENT. PEUT-ÊTRE PAS UNIQUEMENT POUR DES RAISONS FINANCIÈRES...

UN TRANSFERT À RÉACTIONS

La signature du Norvégien en Angleterre marque une étape importante de sa carrière.

En mai 2022, quelques jours après avoir réussi l'un de ces triplés, dont il semble avoir le secret, contre le VfL Bochum, Manchester City annonce avoir recruté le joueur norvégien qui retrouve la terre de sa naissance comme un retour aux sources.
Erling Haaland passe en Angleterre pour quelque 60 millions d'euros… Une plus-value intéressante pour le Borussia Dortmund et pour le joueur qui fait fructifier son génie. Il est Mancunien à compter du 1er juillet 2022, de quoi attaquer la saison 2022-2023 de la meilleure des manières.

En arrivant au club, le Norvégien est accueilli par Pep Guardiola, entraîneur mythique qui fait merveille avec cette équipe de Manchester City. Il vient renforcer une attaque qui fait déjà trembler bien des équipes Outre-Manche.
Certains observateurs du monde du football s'interrogent, se demandant pourquoi le club a fait ce choix. Comment ce joueur si physique va-t-il pouvoir s'intégrer à ce 11 très mobile et extrêmement technique. L'entraîneur répond partiellement par sa volonté d'essayer différents types de joueurs à ce poste déterminant.

Erling Haaland devient l'une des joueurs essentiels de l'entraîneur de Manchester City.

Dès son arrivée, Erling Haaland compte dans les plans de jeu du stratège espagnol.

L'attaquant norvégien vient célébrer l'un de ses buts avec ses partenaires.

Dans une interview à la BBC, Pep Guardiola fait aussi preuve de modestie, mettant sur le compte de la notoriété et une Histoire trop récente la difficulté du club à attirer les grands « 9 » : beaucoup de grandes stars « ont choisi un autre club parce que le charisme de Barcelone, du Real Madrid, du Bayern Munich est plus élevé que le nôtre. »
De son côté, Erling Haaland a choisi Manchester City pour continuer à apprendre et pour acquérir de l'expérience sur ces redoutables terrains de Premier League. Grand bien lui prend puisqu'il termine sa première saison anglaise avec le titre de Meilleur joueur de l'année FWA – Football Writers' Association.

ERLING HAALAND FRAPPE TRÈS FORT ET AFFOLE LES COMPTEURS…

PREMIER LEAGUE
33 fois titulaires en 35 matchs
36 buts

EMIRATES FA CUP
4 fois titulaires en 4 matchs
3 buts

LIGUE DES CHAMPIONS UEFA
11 fois titulaires en 11 matchs
12 buts

LEAGUE CUP
1 fois titulaire en 2 matchs
1 but

AU TOTAL
52 buts

DES RÉSULTATS ÉPOUSTOUFLANTS

Durant cette saison 2022-2023, tous les regards de la planète foot fixent le jeune Norvégien. Ses prestations sont à couper le souffle. Même si ses précédentes performances, en Autriche et en Allemagne, étaient de grande qualité, c'est en Angleterre qu'elles trouvent leur plénitude.
Et dire que certains continuent de penser que Manchester City joue mieux au football sans sa star norvégienne…
Dans le *Manchester Evening News* il leur répond sans détour : « L'essentiel, c'est de gagner les matchs et de suivre les instructions du coach. Les critiques, je m'en moque… »

L'extension d'Erling Haaland lui permet de marquer de nombreux but de la tête.

LE 11 MAGIQUE
DE 2022-2023

GARDIEN DE BUT

EDERSON
29 ans

STEFAN ORTEGA MORENO
29 ans

SCOTT CARSON
36 ans

MILIEU DE TERRAIN

THOMAS DOYLE
21 ans

ILKAY GÜNDOGAN
31 ans

JACK GREALISH
27 ans

RODRI
27 ans

KEVIN DE BRUYNE
32 ans

BERNARDO SILVA
20 ans

SERGIO GOMEZ
22 ans

PHIL FODEN
23 ans

OLEKSANDR ZINCHENKO
25 ans

DÉFENSEURS

JAOA CANCELO
29 ans

KYLE WALKER
33 ans

RUBEN DIAS
26 ans

NATHAN AKÉ
28 ans

AYMERIC LAPORTE
29 ans

MANUEL AKANJI
26 ans

JOHN STONES
29 ans

RICO LEWIS
18 ans

ERIC GARCIA
22 ans

ATTAQUE

ERLING HAALAND
23 ans

JULIAN ALVAREZ
23 ans

RIYAD MAHREZ
32 ans

Durant cette saison exceptionnelle, l'équipe de Manchester City marque les esprits.

ETIHAD STADIUM
CHAMPIONS

MANCHESTER CITY VOULAIT ENTRER DANS L'HISTOIRE

L'équipe et son entraîneur, au terme d'une fantastique épopée nationale et européenne.

Fondé en 1880, le club est initialement baptisé « St. Mark's (West Gorton) », avant de devenir le « Manchester City FC » en 1894. Dans une première vie, Manchester City connaît des hauts et des bas. Il est au top vers la fin des sixties, remportant successivement le Championnat, la Coupe de la Ligne et la Coupe des coupes. Les « Citizens » joue à l'Etihad Stadium, spécialement édifié à l'occasion des Jeux du Commonwealth de 2002. Anciennement connu sous le nom de « City of Manchester Stadium », il est implanté dans l'East Manchester et sa capacité est d'environ 55 000 spectateurs.

LA DEUXIÈME VIE DU CLUB

Après deux relégations dans les années 1990, Manchester City change de dimension et affiche clairement de nouvelles ambitions, avec l'arrivée de l'investisseur Abu Dhabi United Group, en 2008. Largement renforcée, l'équipe des « Skyblues » pèse de plus en plus sur le Championnat anglais, remportant notamment plusieurs titres de Premier League.

La saison 2023 s'achève en apothéose pour le club anglais en remportant la très convoitée Ligue des Champions.

L'ENTRAÎNEUR ULTIME

PEP GUARDIOLA

Le parcours exceptionnel d'un entraîneur exceptionnel.

Josep « Pep » Guardiola voit le jour en janvier 1971 à Santpedor, en Catalogne. L'Espagnol commence sa carrière de joueur professionnel au FC Barcelone. Il fait ses débuts en équipe première en 1990. Milieu défensif, il prouve son talent et contribue à permettre au club de bien figurer aux niveaux national et international. Après un passage dans le Calcio, à Brescia et à l'AS Roma, il termine sa carrière à Al Ahli, un club qatarien – 2005-2006 –, et à Dorados de Sinaloa, au Mexique.

S'éloignant du terrain, Pep Guardiola ne quitte pas pour autant le milieu du football. Bien au contraire. Il va faire fructifier son expérience et sa philosophie de jeu sur le banc de l'entraîneur.

En 2006, il obtient sa licence et intègre le staff de FC Barcelone en 2007. Il prend l'équipe B et remporte le titre. Sur le banc de l'équipe première, Frank Rijkaard est fragilisé. Pour le remplacer, les médias spéculent sur l'arrivée possible de José Morinho, de Laurent Blanc… ou de Pep Guardiola. En mai 2008, c'est ce dernier qui a la confiance du président Joan Laporta. Les Socios sont ravis de cette nomination d'un homme qui a fait briller le club quelques années plus tôt, en tant que joueur.

ATTENTION LÉGENDE

Le meilleur entraîneur de l'année annonce son départ en avril 2012. Pendant quatre saisons, il va imposer sa conception du football, avec des résultats qui portent le club au sommet de la hiérarchie européenne. Son bilan est impressionnant. Sur 152 matchs, l'équipe espagnole en remporte 116 victoires, 25 nuls et seulement 11 défaites.

Après quelques mois plus tard, il devient l'entraîneur du Bayern Munich en juin 2013 et renouvelle ses performances… Supercoupe de l'UEFA, Coupe du monde des clubs, Championnat d'Allemagne… On n'arrête plus le sorcier des terrains. Il n'y a que la Ligue des Champions qui lui échappe.

À la fin de la saison 2015-2016, Pep Guardiola remplace Manuel Pellegrini sur le banc de Manchester City.

Pep Guardiola marque
tous les championnats
dans lesquels il entraîne.

L'ÉPOPÉE EN LIGUE DES CHAMPIONS

MAN CITY TUTOIE LES ANGES

Erling Haaland est l'un des artisans de cette fantastique victoire.

LE PARCOURS EN LIGUE DES CHAMPIONS

SAISON 2016-2017
Huitièmes de finale

SAISON 2017-2018
Quarts de finale

SAISON 2018-2019
quarts de finale

SAISON 2019-2020
Quarts de finale

SAISON 2020-2021
Finale
Chelsea vainqueur 1-0

SAISON 2020-2021
Demi-finale

SAISON 2022-2023
Finale et Victoire
contre l'Inter Milan 1-0

L'ÉPOPÉE EN C1 ET LE JOUR DU SACRE

Une joie immense, le jour de la consécration.

Depuis son arrivée au club, Pep Guardiola tutoyait le Graal, sans parvenir à le saisir. L'équipe des Sky-blues était pourtant capable de mettre les deux mains sur la Coupe. Il faut attendre 2023 pour voir Manchester City gagner enfin cette Ligue des Champions qui fait rêver l'Europe.
L'arrivée d'Erling Haaland dans l'effectif des Citizens a-t-elle été l'élément déclencheur ?

LES POULES

Manchester City est dans le groupe D, avec le Borussia Dortmund, le FC Séville et le FC Copenhague. Les Cytizens arrivent en tête devant le club allemand. Ils gagnent 4 matchs et font de matchs nuls.

LES PHASES À ÉLIMINATION DIRECTE

HUITIÈME DE FINALE
RB Leipzig
1-1 au match aller /
0-7 au match retour

QUART DE FINALE
Bayern Munich
3-0 au match aller /
1-1 au match retour

DEMI-FINALE
Réal Madrid
1-1 au match aller /
0-4 au match retour

De son côté, l'Inter Milan a triomphé de l'AC Milan en demi-finale.

LA FINALE

La finale est organisée le samedi 10 juin, à l'Atatürk Olympic Stadium, à Istanbul, en Turquie. Au terme d'un match assez fermé où les joueurs de l'Inter défendent fièrement leurs chances, Rodri parvient à marquer à la 68e minute et permet aux Cytizens de remporter le match, par 1 but à 0.

LE PALMARÈS

Manchester City n'a pas volé sa victoire. Trois de ses joueurs se partagent le palmarès :

MEILLEUR JOUEUR
Rodri

MEILLEUR BUTEUR
Erling Haaland
avec 12 réalisations

MEILLEUR PASSEUR
Kevin De Bruyne
avec 6 passes décisives

LES 12 BUTS D'ERLING HAALAND EN C1

BAYERN MUNICH VS MANCHESTER CITY
but à la 57e minute
(passe de Kevin De Bruyne)

MANCHESTER CITY VS BAYERN MUNICH
but à la 76e minute
(passe de John Stones)

MANCHESTER CITY VS RB LEIPZIG
but aux 22e, 24e, 45e, 53e et 57e minutes

MANCHESTER CITY VS GIRONA
but à la 18e minute
(passe de Kevin De Bruyne)

MANCHESTER CITY VS COPENHAGUE
but à la 7e et à la 32e minute
(passes de Joao Cancelo)

MANCHESTER CITY VS BORUSSIA DORTMUND
but à la 84e minute
(passe de Joao Cancelo)

SÉVILLE VS MANCHESTER CITY
20e et 67e minutes
(passes de Kevin De Bruyne)

Pour exprimer tout son talent, Erling Haaland a besoin de bons ballons.

LES PASSEURS

**ILS OFFRENT
À CHAQUE
MATCH,
OU PRESQUE,
DES MOMENTS
DE PURE MAGIE.**

Le Belge est l'un des meilleurs du monde à son poste.

KEVIN DE BRUYNE

Sur le terrain, les deux hommes se trouvent facilement.

Considéré comme l'un des meilleurs milieux de terrain du monde, Kevin De Bruyne est né en 1991 à Drongen, en Belgique. Il commence sa carrière professionnelle en 2008, à Genk, un club de première division belge. Son talent est éclatant au poste de milieu de terrain offensif, mais il peut également évoluer à l'aile. Genk est champion de Belgique en 2011. L'année suivante, il traverse la Manche et rejoint Chelsea sans parvenir à s'imposer, face à une concurrence de taille et d'un certain nombre de blessures. Prêté au Werder Brême pour la saison 2012-2013, il connaît une période plus faste. En 2014-2015, il parvient au sommet de son art au VfL Wolfsburg, élu joueur de l'année en Bundesliga. La saison suivante, Kevin De Bruyne rejoint Manchester City, pour un transfert record à l'époque. Il devient l'une des pièces maîtresses de l'équipe. Sa vision du jeu est exceptionnelle. Il est également apprécié pour sa qualité de passe et sa précision dans les frappes lointaines.

BERNARDO SILVA

La complicité entre les deux joueurs fait merveille.

Bernardo Silva a livré une saison 2022-2023 éblouissante. Né en 1994 à Lisbonne, ce Portugais a semé le trouble dans bien des défenses de la Premier League et dans celles des équipes que Manchester City a affrontées en Coupe d'Europe. Il est aujourd'hui l'un des milieux de terrain offensifs les plus talentueux et les plus polyvalents du football actuel. Dribbleur, passeur, buteur… Il a toutes les qualités requises pour épauler des attaquants de la trempe d'Erling Haaland.

Bernado Silva commence sa carrière professionnelle dans le club de Benfica avant d'être prêté à Monaco, en France, pour la saison 2014-2015. Particulièrement brillant, le club monégasque s'attache ses services l'année où il remporte le Championnat de France (2016-2017). Il rejoint alors Manchester City où il continue de briller sous la direction de Pep Guardiola. Il est également majeur de l'équipe nationale portugaise depuis 2015.

La technique du milieu portugais déstabilise bien des défenses.

Les centres de l'international anglais sont des balles de but potentielles.

PHIL FODEN

Le jeune attaquant est, lui aussi, né en 2000.

Phil Foden fait partie des jeunes loups du club anglais. Né en 2000 comme Erling Haaland, il est particulièrement apprécié pour sa vitesse, sa technique et sa créativité, prenant souvent des décisions sur le terrain qui contribuent au jeu fluide et rapide de son équipe. Sa qualité de passe est également remarquable.

Phil Foden et Manchester City, c'est déjà une longue histoire. Le jeune attaquant a rejoint l'académie de jeunes du club dès l'âge de huit ans. En 2016, il remporte le Ballon d'or de la Coupe du Monde U17 de la FIFA où il participe activement au succès de l'Angleterre. Il fait ses débuts en équipe première de Manchester City en 2017, sous la direction de l'entraîneur Pep Guardiola qui aime son intelligence de jeu.

En équipe nationale, Phil Foden commence très fort. Durant la saison 2016-2017, avec les moins des 17 ans, il participe à 23 rencontres et marque à 13 reprises. Il est, par ailleurs, finaliste du Championnat d'Europe, en 2020.

RIYAD MAHREZ

L'ailier droit algérien a été formé à l'ASS Sarcelles, en région parisienne.

Le joueur algérien a sans doute signé l'une de ses plus belles saisons, en 2022-2023. Sur son aile droite, il a donné le tournis à bien des défenseurs. Sa capacité à éliminer les défenseurs, avec ses dribbles et ses feintes techniques, est pour le moins exceptionnelle. Son excellente vision du jeu en fait un maître des passes décisives, créant de nombreuses occasions pour ses attaquants, notamment Erling Haaland. C'est également un vrai buteur, servi par un pied gauche d'une rare efficacité.
Né en 1991 à Sarcelles, dans le Val-d'Oise, il commence à jouer à 12 ans, avec l'équipe réserve du club de Sarcelles. Il passe ensuite par Quimper, en CFA, et par Le Havre, entre 2010 et 2014. Il s'engage ensuite en Angleterre, d'abord à Leicester, ensuite à Manchester City où il arrive en 2018. C'est dans ce club qu'il connaît la consécration avec de nombreux titres. En 236 matchs, il est l'auteur de 78 buts. Riyad Mahrez représente l'équipe nationale d'Algérie depuis 2014. Il a été un membre essentiel de l'équipe algérienne qui a remporté la Coupe d'Afrique des Nations en 2019.
À l'été 2023, il quitte l'Angleterre pour le club saoudien d'Al-Ahli.

Riyad Mahrez vient
de quitter Manchester
City pour le club
saoudien d'Al -Ahli.

Le milieu espagnol
a rejoint les Cityzens
en juillet 2019.

RODRI

Sur le terrain, Rodri et le phénomène norvégien sont sur la même longueur d'onde.

Rodrigo Hernández Cascante, dit « Rodri » voit le jour en 1996, à Madrid. Son poste de prédilection est milieu défensif. Il a une excellente compréhension du jeu et une capacité à anticiper les actions de l'adversaire. Il est réputé pour sa qualité de passe « longue distance », qui lui permet d'imposer le rythme du jeu et de lancer des attaques depuis le milieu de terrain. C'est également un très bon récupérateur.

Celui qui se fait appeler « Rodri » commence sa carrière professionnelle à Villareal, faisant ses débuts en équipe première en 2015. Il passe ensuite par l'Atlético de Madrid où il réalise de belles performances, avant de rejoindre Manchester City en 2019. C'est l'un des joueurs clés de Pep Guardiola.
Depuis 2018, il est sélectionné dans l'équipe nationale espagnole où il joue de nombreuses compétitions.

PREMIER LEAGUE : LE CHALLENGE PERMANENT

En Premier League, les duels sont incessants.

En Angleterre, rien n'est jamais acquis. La saison 2022-2023 l'a amplement démontré, avec une équipe d'Arsenal qui caracolait en tête avant de céder, lors des dernières journées, face aux performances exceptionnelles de Manchester City.

PAS DE PETITES ÉQUIPES

Si en Ligue 1, les différences entre les équipes de haut et de bas de tableau sont flagrantes sur une saison, ce n'est pas le cas en Angleterre.
Chaque journée réserve même son lot de surprises. Aucun match n'est facile, ce qui rend le championnat à la fois passionnant et imprévisible.
Les clubs « historiques », comme Manchester United, Arsenal ou Liverpool, côtoient des formations plus jeunes mais tenaces et difficiles à jouer.
Avec ses 20 équipes, la Premier League est l'un des championnats les plus compétitifs, intenses et les plus populaires d'Europe.

Arsenal fait partie des principaux adversaire de Manchester City.

LE FAMEUX « BOX TO BOX »

Les 20 équipes donnent tout à l'offensive.

Le style de jeu anglais est plaisant parce qu'il est essentiellement voué à l'offensive. Même les équipes mal classées ne restent jamais totalement sur la défensive, comme on peut parfois le voir en Ligue 1.
On se souvient du fameux « catenaccio » italien, cette stratégie traditionnelle qui produisait des matchs ennuyeux et sans attrait. Le Championnat anglais est aujourd'hui aux antipodes… Sur les 20 équipes que compte la Premier League, aucune ne s'avoue vaincue au coup d'envoi d'un match.
Les milieux de terrain particulièrement actifs attaquent et défendent avec la même ferveur, donnant au jeu une dimension exceptionnelle. C'est le « box to box » qui livre au football anglais toute sa dimension.
L'adversité atteint un niveau exceptionnel, de la première à la dernière journée du championnat. La fougue avec laquelle les joueurs se lancent vers le but adverse a parfois surpris Manchester City, durant cette saison 2022-2023, celle de tous les sacres pour le club entraîné par Pep Guadiola.

PREMIER LEAGUE CLUBS 2023/24

ARSENAL	ASTON VILLA	BOURNEMOUTH	BRENTFORD	BRIGHTON
BURNLEY	CHELSEA	CRYSTAL PALACE	EVERTON	FULHAM
LIVERPOOL	LUTON	MAN CITY	MAN UTD	NEWCASTLE
NOTT'M FOREST	SHEFFIELD UTD	SPURS	WEST HAM	WOLVES

BILAN D'UNE SAISON FANTASTIQUE

Une saison 2022-2023 fantastique pour les Citizens.

Malgré sa suprématie apparente, Manchester City n'a pu faire un carton plein. Ses stars ayant durant une année particulièrement dense des baisses de forme qui ont entraîné 6 défaites et 5 matchs nuls. Ces contre-performances sont aussi à mettre au crédit des adversaires sur le chemin des coupes européennes.

Manchester City termine champion d'Angleterre avec 89 points, 94 buts marqués et 33 encaissés. Le club d'Arsenal monte sur la deuxième marche du podium, Manchester United sur la troisième, avec respectivement 84 et 75 points.

LES DÉFAITES

LIVERPOOL 3
1 Manchester City (finale Community Shield)
21-07-2022

LIVERPOOL 1
0 Manchester City
16-10-2022

MANCHESTER CITY 1
2 Brentford
12-11-2022

MANCHESTER UNITED 2
1 Manchester City
14-01-2023

TOTTENHAM 1
0 Manchester City
05-02-2023

BRENTFORD 1
0 Manchester City
28-05-2023

LES MATCHS NULS

NEWCASTLE 3
3 Manchester City
21-08-2022
16-10-2022

MANCHESTER CITY 1
1 Everton
31-12-2022

ASTON VILLA 1
1 Manchester City
02-99-2022

NOTTINGHAM FOREST 1
1 Manchester City
18-02-2023

BRIGHTON 1
1 Manchester City
24-05-2023

MANCHESTER CITY
18 94
PREMIER LEAGUE
CHAMPIONS
2022/23
sky SPORT

Erling Haaland omniprésent dans les surfaces de réparation adverses.

LA TERREUR DES DÉFENSES

Le joueur norvégien parvient à s'imposer dans des duels épiques.

ERLING HAALAND : LE MEILLEUR À SON POSTE ?

Erling Haaland est devenu un véritable cauchemar pour les défenses adverses.

Un Norvégien de 1,94 m, flirtant avec les 90 kg… Ce physique hors norme, doté d'indéniables qualités d'attaquant et de finisseur, a tout de l'arme fatale, capable de renverser toutes les défenses.

En Premier League comme en Ligue des Champions, toutes les équipes qui ont dû affronter le phénomène savent qu'on ne plaisante pas avec Erling Haaland, surtout lorsqu'il est lancé. La vigilance est de mise et le marquage doit être précis. La moindre erreur de défense se paye cash avec ce diable qui pèse sur les défenses pendant les 90 minutes que dure le match.

Buteur né, il est aussi passeur, ce qui rend la tâche des défenseurs centraux encore plus difficile. Ces derniers doivent être attentifs et concentrés durant les deux mi-temps.

WILLIAM SALIBA
ARSENAL

Le Français est devenu l'une des pièces maîtresses de la défense d'Arsenal.

Né en 2001 à Bondy, en Seine-Saint-Denis, William Saliba est considéré comme l'un des défenseurs les plus prometteurs de sa génération. Après être passé par le centre de formation de l'AS Saint-Étienne, il joue en équipe première lors de la saison 2018-2019. Ses performances incitent Arsenal à le recruter en juillet 2019. Après un passage par Nice et l'Olympique de Marseille, il joue son premier match avec les Gunners le 5 août 2022. Mikel Arteta compte de plus en plus sur ce défenseur central qui garde la surface d'Arsenal au côté du Brésilien Gabriel. Le 7 juillet 2023, William Saliba a prolongé son contrat pour trois nouvelles saisons.

En 2017, le jeune défenseur a été sélectionné en équipe de France avec les moins de 16 ans. Didier Deschamps compte à présent sur lui, notamment pour les matchs de qualification à l'Euro 2024.

Après Nice et Marseille, William Saliba poursuit sa belle carrière outre-Manche.

L'ancien joueur du
Real Madrid a signé
à Manchester United
en 2021.

RAPHAËL VARANE
MANCHESTER UNITED

Raphaël Varane compte 93 sélections en équipe de France.

Avec ses 1,91 m, sa vitesse et son sens du jeu, le défenseur français, considéré comme l'un des meilleurs centraux du monde et qui compte 93 sélections en équipe de France, est né à Lille en 1993. Il commence sa carrière professionnelle au RC Lens, pendant la saison 2010-2011 et la poursuit au Real Madrid entre 2011 et 2021. En 360 rencontres, il défend la surface madrilène avec talent et parvient même à marquer 17 buts. Il remporte notamment trois Championnats d'Espagne – 2012, 2017, 2020 – et quatre Ligues de champions – 2014, 2016, 2017 et 2018. Il traverse ensuite la Manche et s'engage à Manchester United en 2021. Il a déjà joué plus de 65 rencontres avec le club anglais. En février 2023, après la Coupe du monde au Quatar, il a annoncé sa retraite internationale.

SVEN BOTMAN NEWCASTLE

Sven Botman sait imposer sa puissance dans l'équipe de Newcastle.

Né la même année qu'Erling Haaland, en 2000, à Badhoevedorp, aux Pays-Bas. Aussi grand que lui – 1,96 m – Sven Botman assure actuellement la défense centrale de Newcastle. Il apprend son métier de footballeur à l'Ajax d'Amsterdam, en intégrant le centre de formation en 2009. En 2020, il s'engage au LOSC sous forme d'un prêt avec option d'achat. Sous l'ère Galtier, il s'impose rapidement comme titulaire en défense centrale.
Son gabarit et ses qualités en font un réel espoir à ce poste.
Il attise la convoitise de clubs étrangers. C'est finalement à Newcastle qu'il signe en 2022. Durant la saison 2022-2023, il joue 44 matchs, mais ne marque aucun but.
En équipe nationale des Pays-Bas, il est sélectionné dans l'équipe des moins de 15 ans en 2015. C'est avec les Espoirs qu'il fait le plus de matchs. En 2020, il est appelé par le sélectionneur Franck de Boer pour pallier l'absence de Nathan Aké, un autre poids lourd de la défense qui joue dans le club de Manchester City.

Le joueur hollandais
est arrivé en 2022
dans ce club qui a de
grandes ambitions.

Virgil Van Dijk est le défenseur emblématique de Liverpool.

VIRGIL VAN DIJK LIVERPOOL

Le joueur hollandais dirige sa défense avec une belle autorité.

Avec sa taille impressionnante – 1,95 m –, ce défenseur central, né en 1991 à Breda, aux Pays-Bas, fait la loi dans la surface de Liverpool depuis 2017, après être passé par le Celtic FC – 2013 – 2015 – et Southampton – 2015 – 2017. S'il défend à merveille, Virgil Van Djik sait également marquer des buts. À Glasgow, il marque à 15 reprises lors des 115 matchs qu'il dispute avec le club écossais. À Liverpool, il trouve le chemin des filets à 19 reprises, en 220 rencontres.

Parmi ses principales qualités, on peut citer sa capacité à garder son calme sous la pression, sa présence physique et son aptitude à dominer les duels aériens. À Liverpool, l'arrivée de Virgil van Dijk a marqué un tournant majeur pour l'équipe.

ADAM WEBSTER BRIGHTON & HOVE

Le joueur anglais fait bonne garde devant le but de Brighton.

Ce défenseur central anglais de 1,91 m, né en 1995, à Harlow, a été formé à Portsmouth, avant de faire ses débuts professionnels avec ce club, en 2011. En août 2016, il est transféré à Ipswich Town, club évoluant en Championship, la deuxième division anglaise, où il devient titulaire indiscutable. Après un passage à Bristol City – 2018-2019 –, ses qualités attirent l'attention de clubs de Premier League. Il est transféré à Brighton & Hove Albion, en août 2019. Dans ce club, Adam Webster continue à démontrer sa capacité à gérer les duels aériens et à anticiper les mouvements des attaquants adverses. En sélection nationale, il a joué avec les moins de 19 ans en 2012-2013.

Sa faculté de gagner les duels aériens en fait un redoutable défenseur.

Le joueur espagnol
joue principalement
en défense centrale.

PAU TORRES ASTON VILLA

Pau Torres a rapidement intéressé le sélectionneur de l'équipe nationale.

Pau Torres voit le jour en janvier 1997, à Villarreal, en Espagne. Il gravit les échelons au sein de l'académie de football du club de sa ville natale et fait ses débuts dans l'équipe première en 2016. Avec ses 1,91 m, il joue principalement en défense centrale et parvient, par ailleurs, à apporter sa contribution à l'attaque, marquant occasionnellement des buts sur des phases arrêtées, grâce à sa taille et sa puissance aérienne. En 173 matchs, il trouve à 12 reprises le chemin des filets. Il vient de s'engager avec l'équipe d'Aston Villa pour la saison 2023-2024.
Grâce à ses performances convaincantes, Pau Torres joue également en équipe nationale d'Espagne.

Erling Haaland en équipe nationale… Déjà une longue histoire.

ÉQUIPE NATIONALE : IL CHOISIT LA NORVÈGE

Le prodige norvégien joue dans l'équipe des mois de 17 ans dès 2015.

Né en Angleterre, Erling Haaland bénéficie de la double nationalité – britannique et norvégienne. Il aurait donc pu intégrer l'équipe nationale de ces deux pays.
Finalement, il choisit de porter les couleurs norvégiennes, en raison de ses origines familiales. Son père a également joué pour l'équipe nationale pendant sa carrière de footballeur professionnel.

LES PREMIERS PAS EN ÉQUIPES NATIONALES

Dès les premiers matchs, Erling Haaland fait parler sa puissance.

Il entre dans l'équipe des **MOINS DE 17 ANS** en 2016 et marque à deux reprises contre Israël dans le Championnat d'Europe.

Dans les **MOINS DE 19 ANS**, il trouve le chemin des filets à dix reprises dans le Championnat d'Europe ; un triplé contre l'Écosse et deux doublés, notamment contre l'Allemagne.

Au sein de l'équipe des **MOINS DE 20 ANS**, il réussit l'exploit quasi unique de marquer 9 buts contre le Honduras, lors de la Coupe du monde.

La présence du jeune
norvégien a le don de
galvaniser l'équipe.

Le joueur norvégien
parvient à marquer
presque à chaque match.

20 BUTS EN 21 MATCHS

CE "9" VA RÉCHAUFFER LES CŒURS NORVÉGIENS

Erling Haaland contribue largement aux performances de l'équipe nationale.

Erling Haaland n'affole pas que les défenses des grands clubs européens. Il terrorise aussi celles des sélections nationales. C'est aujourd'hui un atout majeur pour le sélectionneur norvégien, Stale Solbakken. Il y côtoie d'autres bons joueurs norvégiens, comme Martin Odegaard, le milieu star des Gunners.
L'équipe norvégienne n'est pas au top depuis quelques années. Au classement de la FIFA, elle est passée de la 4e place, en 1993, à la 14e, en 2000, et de la 50e en 2006 à la 44e en 2022.
Nul doute que la jeune garde va relever le défi et faire remonter le pays à un rang plus honorable.
Erling Haaland commence réellement y contribuer. En 21 rencontres, il a marqué à 20 reprises… Une bonne moyenne, porteuse de promesses pour l'avenir. Il est aidé en cela par Joshua King, avec ses 22 réalisations en 62 matchs.

LES MEILLEURS MARQUEURS DE LA SÉLECTION

62 MATCHS - 22 BUTS

JOSHUA KING

31 ANS - JOUEUR DE FENERBAHCE SK

Le joueur norvégien quitte l'Angleterre en 2022 pour rejoindre Fenerbahçe SK.

Né à Oslo, le 15 janvier 1992 à Oslo, l'attaquant norvégien commence sa carrière à Romsas IL et à Vàlerenga, en Norvège. Il signe à Manchester en 2009 sans parvenir à s'imposer en équipe première. Il est rapidement prêté, évoluant à Preston North End, au Borussia Mönchengladbach, à Hull City et au Blackburn Rovers, club dans lequel il signe en 2013. C'est sa période la plus prolifique en but. Il rejoint Bournemouth en 2015. Il y marque 53 buts en quelque 180 matchs. Cette efficacité lui permet de rejoindre Everton, puis Watford. Il est finalement transféré à Fenerbahçe en 2022 où il retrouve le chemin des filets – 7 buts en 27 matchs. Il défend les couleurs nationales à compter de 2007, chez les moins de 15 ans. Il joue en équipe première depuis 2012, comptant actuellement 22 réalisations en matchs internationaux.

Joshua King joue en équipe nationale depuis 2007, chez les moins de 15 ans.

Depuis le début de sa carrière, le Norvégien a joué dans 10 équipes différentes.

42 MATCHS - 15 BUTS

ALEXANDER SØRLOTH

27 ANS - JOUEUR DE VILLAREAL

Après avoir signé en Angleterre et en Allemagne, Alexander Sørloth joue en Espagne.

Alexander Sørloth est né le 5 décembre 1995 à Trondheim. Il commence sa carrière professionnelle en 2013 dans le club norvégien de Rosenborg BK, prêté au FK Bodø/Glimt. À l'hiver 2016, l'attaquant rejoint le FC Groningen, aux Pays-Bas, avant de signer de jouer au Danemark, au FC Groningen. Ses performances lui permettent de signer à Crystal Palace. Il est prêté au club belge de la Gantoise, avant de rejoindre Trabzonspor, en Turquie, où il marque 33 buts en une cinquantaine de matchs. En 2020, il signe au RB Leipzig, en Bundesliga. En 2021, il rejoint l'Espagne, prêté à la Real Sociedad – 22 buts marqués en 87 matchs –, avant de signer à Villarreal en 2023. Avec l'équipe nationale – qu'il intègre en 2011 chez les moins de 16 ans –, il a marqué 16 buts en 49 matchs.

45 MATCHS - 9 BUTS

MOHAMED ELYOUNOUSSI

28 ANS - JOUEUR DE SOUTHAMPTON

L'ailier gauche entre en équipe nationale en janvier 2014 lors d'un match amical contre la Pologne.

Ce Norvégien d'origine marocaine est né le 4 août 1994 à Al Hoceïma. En 2010, il joue au poste d'ailier gauche ou de milieu offensif avec les juniors du club norvégien de Sarpsborg 08. Remarqué pour ses performances prometteuses, il passe par Molde FK, où il se montre particulièrement efficace – 40 buts en 90 matchs –, avant de rejoindre le FC Bâle en 2016. Il aide le club suisse à conquérir plusieurs titres nationaux et participe à la Ligue des champions. Deux ans plus tard, il signe à Southampton. Mohamed Elyounoussi est prêté au Celtic Glasgow. Avec l'équipe écossaise, il réalise de belles saisons, trouvant les filets à 24 reprises, en 68 matchs. En 2023, il a rejoint le club danois du FC Copenhague. Au sein de l'équipe nationale, qu'il intègre en 2014, il parvient à marquer 9 buts en 51 matchs.

L'ailier gauche a un redoutable pied droit.

Le milieu de terrain joue actuellement dans le club italien de l'US Sassuolo.

17 MATCHS - 4 BUTS

KRISTIAN THORSTVEDT

24 ANS - JOUEUR DE SASSUOLO

Le joueur norvégien fait son premier match international contre Chypre, en 2019.

Kristian Thorstvedt voit le jour à Stavanger, en Norvège, le 13 mars 1999. Il commence sa carrière « junior en Norvège, dans le club Viking FK. En 2018, son sens du but fait des merveilles. Il marque 22 buts en 57 rencontres. Sa polyvalence et sa vision du jeu suscite l'intérêt des observateurs. En 2020, le milieu de terrain rejoint le club belge de Genk et prend une nouvelle dimension – 17 buts marqués en 87 matchs. Deux ans plus tard, il signe avec le club de l'US Sassuolo, en Italie. Au niveau de la sélection nationale, il intègre les équipes de jeunes en 2019 – moins de 20 ans –, avant d'intégrer l'équipe senior. En 21 matchs, le milieu de terrain norvégien marque à quatre reprises.

LE STRATÈGE

43 MATCHS

MARTIN ØDEGAARD

24 ANS - JOUEUR D'ARSENAL

Martin Ødegaard rayonne actuellement en Premier League, avec les Gunners.

Martin Ødegaard voit le jour à Drammen, en Norvège, le 17 décembre 1998. Il attire rapidement l'attention des recruteurs de Strømsgodset IF. Il y fait ses débuts en équipe première dès l'âge de 15 ans. Il devient ainsi le plus jeune joueur à évoluer en première division norvégienne. En janvier 2015, il signe au Real Madrid Castilla. Pour gagner de l'expérience, il est prêté à SC Heerenveen et à Vitesse Arnhem, aux Pays-Bas, puis à la Real Sociedad, en Espagne, où le jeune milieu de terrain offensif devient un joueur essentiel. Durant la saison 2020-2021, il rentre au Real Madrid où Zinédine Zidane lui donne du temps de jeu. En janvier, il est prêté à Arsenal pour le reste de la saison, avant un transfert définitif. Le meneur de jeu y fait merveille. Martin Ødegaard est aussi élément-clé de l'équipe nationale norvégienne où il trouve une belle complicité avec Erling Haaland.

Le milieu offensif d'Arsenal joue en équipe de Norvège depuis 2014.

Lors de la séance de tirs au but, Erling Haaland a été le premier tireur de City.

SUPER COUPE D'EUROPE - ISTANBUL - 13 AOÛT 2023

UN NOUVEAU TROPHÉE POUR MANCHESTER CITY

LA CONSÉCRATION

Pour le joueur norvégien, ce trophée vient ponctuer une fantastique saison.

Traditionnellement, au mois d'août, peu après la reprise des championnats, le vainqueur de la Ligue des champions de la saison précédente – Champions League – affronte celui de la Coupe UEFA Europa League.

Manchester City a découvert la Super Coupe de l'UEFA face à l'équipe espagnole de Séville. Il s'agissait de la huitième Super Coupe de l'UEFA opposant un club anglais à un club espagnol. À noter que le vainqueur de la Champions League a remporté la Super Coupe à neuf reprises lors des dix dernières éditions. Comme le précise l'UEFA, « Manchester City est le septième club anglais à disputer la Super Coupe, après Liverpool (1977, 1978, 1984, 2001, 2005, 2019), Chelsea (1998, 2012, 2013, 2019, 2021), Manchester United (1991, 1999, 2008, 2017), Nottingham Forest (1979, 1980), Aston Villa (1982) et Arsenal (1994) ». De son côté, Pep Guardiola, le manager de City, a remporté cette Super Coupe à trois reprises, en tant qu'entraîneur de Barcelone, 2009 et 2011, et du Bayern, en 2013.

LES CITIZENS AU BOUT DU SUSPENSE

Au coup de sifflet final, Manchester City et Séville étaient à égalité – 1-1. En vertu du règlement, les deux équipes sont directement passées aux tirs au but au terme des deux mi-temps. C'est finalement les Cityzens qui l'emportent, cinq tirs au but à quatre. Le premier buteur de l'équipe anglaise était Erling Haaland… Comme un bonheur en plus !

CRÉDITS PHOTOS

© Icon sport

Stadion Stozice Bildbyran / Icon Sport — Kristian THORSTVEDT Bildbyran / Icon Sport — Angel GOMES Icon Sport
Alf Inge Haaland of Nottingham Forest (left) and Kevin Richardson of Coventry City (right) slide in on a loose ball Photo by Icon Sport —
Ryan SESSEGNON Zak SWANSON PA Images / Icon Sport
Alf Inge Haaland of Nottingham Forest (left) and Kevin Richardson of Coventry City (right) slide in on a loose ball Photo by Icon Sport —

© GettyImage

31 Mar 2001: Patrik Berger of Liverpool is tackled from behind by Roy Keane of Manchester United during the FA Carling Premier League. Liverpool won the game 2-0. \ Mandatory Credit: Gary M Prior/Allsport — Alf Inge Haland of Leeds United tackles Vincenzo Montella of Roma during the UEFA Cup fourth round first leg match at the Stadio Olimpico in Rome, Italy. The game ended goalless. \ Mandatory Credit: Michael Steele /Allsport — EM EURO 2000, Amsterdam; SLOWENIEN - SPANIEN (SVN - ESP) 1:2; Miran PALVIN/SVN, Josep GUARDIOLA/ESP (Photo by Martin Rose/Bongarts/Getty Images) — Head coach Josep Guardiola of FC Barcelona attends a press conference of FC Barcelona ahead of their UEFA Champions League Round of 16 second leg against Bayern 04 Leverkusen at Camp Nou on March 6, 2012 in Barcelona, Spain. (Photo by David Ramos/Getty Images) — Joshua King of Norway reacts during the UEFA European U21 Championship Group A match between Norway and Italy at Bloomfield Stadium on June 11, 2013 in Tel Aviv, Israel. (Photo by Alex Grimm/Getty Images) — Molde FK head coach Ole Gunnar Solskjaer celebrates winning the Norwegian Cup Final between Molde FK and Rosenborg BK at Ullevaal Stadion on November 24, 2013 in Oslo, Norway. (Photo by Ragnar Singsaas/Getty Images) — Tashan Oakley Booth of England U16 is tackled by Erling Braut Haland of Norway U16 during the U16s International Friendly match between England U16 and Norway U16 at St Georges Park on February 16, 2016 in Burton-upon-Trent, England. (Photo by Tony Marshall/Getty Images) — Fussball, Saison 2012-2013, 1. Bundesliga, Borussia Dortmund, Offizielles Mannschaftsfoto und Portraits, Marco Reus (Borussia Dortmund), re., mit Maskottchen Emma (Photo by Team 2 Sportphoto/ullstein bild via Getty Images) — Â Vinicius Junior of Flamengo runs with the ball during the match between Flamengo and Ponte Preta as part of Brasileirao Series A 2017 at Ilha do Urubu Stadium on June 14, 2017 in Rio de Janeiro, Brazil. (Photo by Alexandre Loureiro/Getty Images) — Erling Haaland of Norway and Luca Hermann of Germany go up for a header during the UEFA Under19 European Championship Qualifier match between Germany and Norway at Stadion Grosse Wiese on March 24, 2018 in Huesten, Germany. (Photo by Christof Koepsel/Bongarts/Getty Images) — Erling Braut Haaland of Norway during G19 Men Photocall at Thon Arena on July 12, 2018 in Lillestrom, Norway. (Photo by Trond Tandberg/Getty Images) — Kylian Mbappe of france celebrate the FIFA World Cup with fan after the UEFA Nations League A group one match between France and Netherlands at Stade de France on September 9, 2018 in Paris, France. (Photo by Xavier Laine/Getty Images) — Paco Alcacer of Borussia Dortmund in action during the Bundesliga match between Borussia Dortmund and Eintracht Frankfurt at Signal Iduna Park on September 14, 2018 in Dortmund, Germany. (Photo by Martin Rose/Bongarts/Getty Images) — Kylian Mbappe of France takes on the Croatian defence during the France v Croatia FIFA World Cup 2018 final at the Luzhniki Stadium on July 15th 2018 in Moscow, Russia (Photo by Tom Jenkins) — Salzburg's Israelian striker Moanes Dabour (C) heads the ball during the UEFA Europa League round of 16 first leg football match SSC Napoli vs FC Red Bul Salzburg at the San Paolo Stadium. — Erling Haaland of Dortmund being fouled by Rafal Gikiewicz of Berlin during the Bundesliga match between Borussia Dortmund and 1. FC Union Berlin at Signal Iduna Park on February 1, 2020 in Dortmund, Germany. (Photo by Jörg Schüler/Getty Images) — SSC Napoli won the match 3-0. (Photo by Carlo Hermann/KONTROLAB /LightRocket via Getty Images) — Erling Haaland of Norway scoring a header but the goal was given off-side during the 2019 FIFA U-20 World Cup group C match between Uruguay and Norway at Lodz Stadium on May 24, 2019 in Lodz, Poland. (Photo by Lars Baron - FIFA/FIFA via Getty Images) — Andreas Ulmer of Red Bull Salzburg, Erling Haaland of Red Bull Salzburg, Steven Berghuis of Feyenoord during the Pre-season Friendly match between FC Red Bull Salzburg and Feyenoord Rotterdam at Steinberg stadium on July 12, 2019 in Leogang, Austria(Photo by VI Images via Getty Images) — Antoine Bernede, Patrick Farkas, Andre Ramalho, Dominik Szoboszlai, Erling Braut Haland and Patson Daka of Salzburg celebrate a goal during the Uniqua OeFB Cup match between SC Parndorf and RB Salzburg at Heideboden stadion on July 19, 2019 in Parndorf, Austria. (Photo by Johannes Schedl/SEPA.Media /Getty Images) — Erling Braut Haaland of Salzburg and Daniel Luxbacher of St. Poelten compete for the ball during the tipico Bundesliga match between Spusu SKN St. Poelten and FC Red Bull Salzburg at NV Arena on August 17, 2019 in St. Poelten, Austria. (Photo by Johannes Schedl/SEPA.Media /Getty Images) — Erling Braut Haland of RB Salzburg celebrates after scoring a goal during the tipico Bundesliga match between FC Red Bull Salzburg and FC Flyeralarm Admira at Red Bull Arena on August 25, 2019 in Salzburg, Austria. (Photo by Josef Bollwein/SEPA.Media /Getty Images) — Erling Braut Haaland of Salzburg controls the ball during the tipico Bundesliga match between SV Mattersburg and FC Red Bull Salzburg at Pappelstadion on November 2, 2019 in Mattersburg, Austria. (Photo by Markus Tobisch/SEPA.Media /Getty Images) — Patson Daka of Salzburg and Florian Mader of of WSG Tirol during the tipico Bundesliga match between FC Red Bull Salzburg and WSG Swarovski Tirol at Red Bull Arena on December 7, 2019 in Salzburg, Austria. (Photo by Franz Kirchmayr/SEPA.Media /Getty Images) — Joshua King of Norway battles with Andrei Agius of Malta during the UEFA Euro 2020 Qualifier between Malta and Norway on November 18, 2019 in Mdina, Malta. (Photo by Christopher Lee - UEFA/UEFA via Getty Images) — Erling Haaland of Borussia Dortmund during the third day of the training camp on January 06, 2020 in Malaga, Spain. (Photo by Alexandre Simoes/Borussia Dortmund via Getty Images) — Erling Braut Haaland of RB Salzburg inspects the pitch ahead of the UEFA Champions League group E match between RB Salzburg and Liverpool FC at Red Bull Arena on December 10, 2019 in Salzburg, Austria. (Photo by Michael Regan/Getty Images) — Erling Braut Haaland of Borussia Dortmund celebrates his goal to the 3:2 during the Bundesliga match between FC Augsburg and Borussia Dortmund at the WWK-Arena on January 18, 2020 in Augsburg, Germany. (Photo by Alexandre Simoes/Borussia Dortmund via Getty Images) — Borussia Dortmunds new signing Erling Haaland during his arrival at the clubs training center on January 03, 2020 in Dortmund, Germany. (Photo by Alexandre Simoes/Borussia Dortmund via Getty Images) — Erling Haaland of Dortmund scores his teams first goal during the UEFA Champions League round of 16 first leg match between Borussia Dortmund and Paris Saint-Germain at Signal Iduna Park on February 18, 2020 in Dortmund, Germany. (Photo by Jörg Schüler/Getty Images) — Erling Haaland of Borussia Dortmund scores his team's second goal past Rafa1 Gikiewicz of 1. FC Union Berlin during the Bundesliga match between Borussia Dortmund and 1. FC Union Berlin at Signal Iduna Park on February 01, 2020 in Dortmund, Germany. (Photo by Lars Baron/Bongarts/Getty Images) — Erling Braut Haaland of Molde FK in action against FK Haugesund during a Norwegian Eliteserien league match at Haugesund Stadium on March 18, 2018 in Haugesund, Norway. (Photo by Andrew Halseid-Budd/Getty Images) — Erling Braut Haaland of Bryne FK in action against Sandnes Ulf during a Norwegian league match at Bryne Stadium on June 05, 2016 in Bryne, Norway. (Photo by Andrew Halseid-Budd/Getty Images) — Erling Haaland (BVB) scores the 3rd goal with Jadon Sancho (BVB) during the Bundesliga match between Borussia Dortmund and Borussia Moenchengladbach at Signal Iduna Park on September 19, 2020 in Dortmund, Germany. Fans are set to return to Bundesliga stadiums in Germany despite to the ongoing Coronavirus Pandemic. Up to 20% of stadium's capacity are allowed to be filled. Final decisions are left to local health authorities and are subject to club's hygiene concepts and the infection numbers in the corresponding region. (Photo by Alexandre Simoes/Borussia Dortmund/Getty Images) — Head coach Lucien Favre and Erling Haaland of Borussia Dortmund in action during the Champions League match between Borussia Dortmund and Club Brugge KV at the Signal Iduna Park on November 24, 2020 in Dortmund, Germany. (Photo by Alexandre Simoes/Borussia Dortmund via Getty Images) — Dortmund's Erling Haaland and Cologne's Sebastiaan Bornauw vie for the ball during the Bundesliga match between Borussia Dortmund and 1. FC Koeln at Signal Iduna Park on November 28, 2020 in Dortmund, Germany. (Photo by Uwe Kraft - Pool/Getty Images) — Emanuel Vignato of Bologna FC in action during the Coppa Italia football match between Bologna FC and Cosenza Calcio. Bologna FC won 1-0 over Cosenza Calcio. (Photo by Nicolò Campo/LightRocket via Getty Images) — Chelsea midfielder Callum Hudson-Odoi (20) during the FC Series soccer match between Arsenal FC and Chelsea FC on July 23, 2022, at Camping World Stadium in Orlando, FL. (Photo by Andrew Bershaw/Icon Sportswire via Getty Images) — Mohamed Elyounoussi of Norway during the International Friendly match between Republic of Ireland and Norway at the Aviva Stadium in Dublin. (Photo By Piaras Ó Mídheach/Sportsfile via Getty Images) — Manchester City's Erling Haland during the Premier League match between Manchester City and Everton FC at Etihad Stadium on December 31, 2022 in Manchester, United Kingdom. (Photo by Dave Howarth - CameraSport via Getty Images) — Martin Odegaard of Norway during the European Qualifiers match between Spain v Norway played at La Rosaleda Stadium on March 25, 2023, in Malaga, Spain. (Photo by Antonio Pozo / Pressinphoto / Icon Sport) — Georges Mikautadze of Georgia in action against Martin Odegaard, the captain of Norway during the UEFA EURO 2024 qualifying round group A match between Georgia and Norway at Batumi Stadium on March 28, 2023 in Batumi, Georgia. (Photo by Levan Verdzeuli/Getty Images) — Riyad Mahrez of Manchester City celebrates scoring the opening goal with Erling Haland of Manchester City during FA Cup Semi Final match between Manchester City and Sheffield United at Wembley Stadium on April 22, 2023 in London, England. (Photo by MB Media/Getty Images) — Robert Lewandowski of FC Barcelona during the La Liga match between FC Barcelona and Real Sociedad played at Spotify Camp Nou Stadium on May 20, 2023 in Barcelona, Spain. (Photo by Sergio Ruiz / Pressinphoto / Icon Sport) — Erling Haaland of Manchester City FC during the UEFA Champions League Final between Manchester City FC and FC Inter Milan at Ataturk Olympic Stadium on June 10, 2023 in Istanbul, Turkey. AP | Dutch Height | MAURICE OF STONE (Photo by ANP via Getty Images) — Harry Kane of England during the UEFA EURO 2024 qualifying round group C match between England and North Macedonia at Old Trafford on June 19, 2023 in Manchester, England. (Photo by Marc Atkins/Getty Images) — Jadon Sancho of Dortmund (M) scores a goal during the DFB Cup final match between RB Leipzig and Borussia Dortmund at Olympic Stadium on May 13, 2021 in Berlin, Germany. Sporting stadiums around Germany remain under strict restrictions due to the Coronavirus Pandemic as Government social distancing laws prohibit fans inside venues resulting in games being played behind closed doors. (Photo by Mika Volkmann/Getty Images) — Kristian Thorstvedt of Norway in action during the international friendly match between Norway and Luxembourg at Estadio La Rosaleda on June 02, 2021 in Malaga, Spain. (Photo by Mateo Villalba/Quality Sport Images/Getty Images) — Ilkay Guendogan of Manchester City (2R) celebrates with teammates after scoring their team's first goal during the Emirates FA Cup Fourth Round match between Manchester City and Fulham at Etihad Stadium on February 05, 2022 in Manchester, England. (Photo by Matt McNulty - Manchester City/Manchester City FC via Getty Images) — 2022 Manchester City unveil new signing Erling Haaland at Manchester City Football Academy in Manchester, England. (Photo by Tom Flathers/Manchester City FC via Getty Images) — In this photo released on June 13, 2022 Manchester City unveil new signing Erling Haaland at Manchester City Football Academy in Manchester, England. (Photo by Lynne Cameron - Manchester City/Manchester City FC via Getty Images) — Erling Haaland of Manchester City poses for a photograph inside the Manchester City dressing room during the Manchester City Summer Signing Presentation Event at Etihad Stadium on July 10, 2022 in Manchester, England. (Photo by Tom Flathers/Manchester City FC via Getty Images) — Josep 'Pep' Guardiola, manager of Manchester City, shakes hands with Erling Haaland during the Premier League match between West Ham United and Manchester City at London Stadium on August 07, 2022 in London, England. (Photo by James Gill - Danehouse/Getty Images) — Pep Guardiola, Manager of Manchester City interacts with Erling Haaland of Manchester City during the Premier League match between Manchester City and AFC Bournemouth at Etihad Stadium on August 13, 2022 in Manchester, England. (Photo by Matt McNulty - Manchester City/Manchester City FC via Getty Images) — Erling Haaland celebrates with Pep Guardiola, Manager of Manchester City after their sides victory during the Premier League match between Manchester City and Fulham FC at Etihad Stadium on November 05, 2022 in Manchester, England. (Photo by Lynne Cameron - Manchester City/Manchester City FC via Getty Images) — Erling Haaland of Manchester City celebrates during the Premier League match between Manchester City and Everton FC at Etihad Stadium on December 31, 2022 in Manchester, United Kingdom. (Photo by Joe Prior/Visionhaus via Getty Images) — Randal Kolo Muani of Eintracht Frankfurt prior to the UEFA Champions League Round of 16 Leg One match between Eintracht Frankfurt and SSC Napoli at the Frankfurt Stadion on February 21, 2023 in Frankfurt, Germany (Photo by Rene Nijhuis/BSR Agency/Getty Images) — Hamed Traore of Bournemouth and Adam Webster of Brighton & Hove Albion during the Premier League match between AFC Bournemouth and Brighton & Hove Albion at Vitality Stadium on April 04, 2023 in Bournemouth, England. (Photo by Robin Jones - AFC Bournemouth/AFC Bournemouth via Getty Images) — Ferran Torres of FC Barcelona run with the ball during the LaLiga Santander match between FC Barcelona and Girona FC at Spotify Camp Nou on April 10, 2023 in Barcelona, Spain. (Photo by Eric Alonso/Getty Images) — Adam Webster of Brighton & Hove Albion celebrates after scoring during the penalty shoot out during the Emirates FA Cup Semi Final between Brighton & Hove Albion and Manchester United at Wembley Stadium on April 23, 2023 in London, England. (Photo by Mike Hewitt/Getty Images) — Randal Kolo Muani of Eintracht Frankfurt scores his side's third goal from the penalty spot past Fabian Bredlow of VfB Stuttgart during the DFB Cup semifinal match between VfB Stuttgart and Eintracht Frankfurt at Mercedes-Benz Arena on May 03, 2023 in Stuttgart, Germany. (Photo by Fantasista/Getty Images) — Sven Botman of Newcastle United (4) challenges for the ball during the Premier League match between Newcastle United and Leicester City at St. James Park on May 22, 2023 in Newcastle upon Tyne, England. (Photo by Serena Taylor/Newcastle United via Getty Images) — Robert Lewandowski of FC Barcelona runs with the ball during the LaLiga Santander match between Real Valladolid CF and FC Barcelona at Estadio Municipal Jose Zorrilla on May 23, 2023 in Valladolid, Spain. (Photo by Diego Souto/Quality Sport Images/Getty Images) — Jadon Sancho of Manchester United is put under pressure by Erling Haaland of Manchester City during the Emirates FA Cup Final between Manchester City and Manchester United at Wembley Stadium on June 03, 2023 in London, England. (Photo by Tom Flathers/Manchester City FC via Getty Images) — Randal Kolo Muani of Eintracht Frankfurt is challenged by Willi Orban of RB Leipzig during the DFB Cup final match between RB Leipzig and Eintracht Frankfurt at Olympiastadion on June 03, 2023 in Berlin, Germany. (Photo by Sebastian Widmann/Getty Images) — Randal Kolo Muani of Eintracht Frankfurt plays the ball during the DFB Cup final match between RB Leipzig and Eintracht Frankfurt at Olympiastadion on June 03, 2023 in Berlin, Germany. (Photo by Sebastian Widmann/Getty Images) — Riyad Mahrez poses for a portrait during a Manchester City FC UEFA Champions League finalists access day at Manchester City Football Academy on June 06, 2023 in Manchester, England. (Photo by Alex Pantling - UEFA/UEFA via Getty Images) — Phil Foden of Manchester City, Francesco Acerbi of Inter Milan, Erling Haaland of Manchester City during the UEFA Champions League 2022/23 final match between FC Internazionale and Manchester City FC at Ataturk Olympic Stadium on June 10, 2023 in Istanbul, Turkey. (Photo by Jean Catuffe/Getty Images) — Kylian Mbappe of Paris Saint-Germain controls the ball during the Ligue 1 match between Paris Saint-Germain and Clermont Foot at Parc des Princes on June 03, 2023 in Paris, France. (Photo by Ian MacNicol/Getty Images) — Erling Haaland of Manchester City with Gry Marita Braut after the UEFA Champions League 2022/23 final match between FC Internazionale and Manchester City FC at Ataturk Olympic Stadium on June 10, 2023 in Istanbul, Turkey. (Photo by Catherine Ivill/Getty Images) — Kylian Mbappé #7 of Paris Saint-Germain attempts a pass to Lionel Messi #30 of Paris Saint-Germain during the Paris Saint-Germain V Clermont, French Ligue 1 regular season match at Parc des Princes on June 3, 2023, in Paris, France (Photo by Tim Clayton/Corbis via Getty Images) — Erling Haaland of Norway arrives at the stadium prior to the UEFA EURO 2024 qualifying round group A match between Norway and Scotland at Ullevaal Stadion on June 17, 2023 in Oslo, Norway. (Photo by Sebastian Widmann - UEFA/UEFA via Getty Images) — Alexander Sorloth of Norway jumps for the ball with Kieran Tierney of Scotland during the UEFA EURO 2024 qualifying round group A match between Norway and Scotland at Ullevaal Stadion on June 17, 2023 in Oslo, Norway. (Photo by Sebastian Widmann - UEFA/UEFA via Getty Images) — Erling Haaland of Norway controls the ball during the UEFA EURO 2024 qualifying round group A match between Norway and Scotland at Ullevaal Stadion on June 17, 2023 in Oslo, Norway. (Photo by Sebastian Widmann - UEFA/UEFA via Getty Images) — Erling Haaland of Norway gestures during the UEFA EURO 2024 qualifying round group A match between Norway and Scotland at Ullevaal Stadion on June 17, 2023 in Oslo, Norway. (Photo by Sebastian Widmann - UEFA/UEFA via Getty Images) — Harry Kane of England during the UEFA EURO 2024 qualifying round group C match between England and North Macedonia at Old Trafford on June 19, 2023 in Manchester, England. (Photo by Justin Setterfield/Getty Images) — Jean ONANA of Lens during the soccer friendly match between Lens and Amiens at Avion on July 14, 2023 in Avion, France. (Photo by Baptiste Fernandez/Icon Sport via Getty Images) — Sofiane DIOP of Nice and Enzo TCHATO MBIAYI of Montpellier during the Friendly match between Montpellier HSC and OGC Nice on July 22, 2023 in Lot, Spain. (Photo by Alexandre Dimou/Alexpress/Icon Sport via Getty Images) — SSC Napoli's Nigerian forward Victor Osimhen greets during the official presentation of SSC Napoli football first team for the Serie A league 2023-24. (Photo by Antonio Balasco/KONTROLAB/LightRocket via Getty Images) — SSC Napoli's Nigerian forward Victor Osimhen controls the ball during the tenth day afternoon session of SSC Napoli's 2023-24 preseason training camp. (Photo by Antonio Balasco/KONTROLAB/LightRocket via Getty Images) — Gabriel Jesus of Arsenal during the USA summer friendly game between Arsenal and Manchester United at MetLife Stadium on July 22, 2023 in East Rutherford, New Jersey. (Photo by Matthew Ashton - AMA/Getty Images) — Juventus players Dusan Vlahovic at 032c event on July 25, 2023 in Los Angeles, California. (Photo by Daniele Badolato - Juventus FC/Juventus FC via Getty Images) — Erling Haaland of Manchester City with the cup during the UEFA Champions League Final match between Manchester City FC and FC Internazionale Milano at Ataturk Olympic Stadium on June 11, 2023 in Istanbul, Turkey. (Photo by BSR Agency/Getty Images) — Jadon Sancho of Manchester United during the pre-season friendly match between Manchester United and Olympique Lyonnais at BT Murrayfield Stadium on July 19, 2023 in Edinburgh, Scotland. (Photo by James Gill - Danehouse/Getty Images) — Real Madrid forward Vinicius Paixao de Oliveira Junior (7) runs with the ball during the Soccer Champions Tour match between Real Madrid and FC Barcelona on July 29, 2023, at AT&T Stadium in Dallas, TX. (Photo by David Buono/Icon Sportswire via Getty Images) — Real Madrid forward, Vinicius Junior (7), and Barcelona forward, Raphinha (22), work for ball control during the International Men's Soccer match between Real Madrid and FC Barcelona on July 29, 2023; at AT&T Stadium in Arlington, TX. (Photo by Kevin Langley/Icon Sportswire via Getty Images) — Erling Haaland of Manchester City in action during the preseason friendly match between Manchester City and Yokohama F.Marinos at National Stadium on July 23, 2023 in Tokyo, Japan. (Photo by Masashi Hara/Getty Images) — Sandro Tonali #8 of Newcastle United FC in action against John McGinn #7 of Aston Villa FC during a Premier League Summer Series match at Lincoln Financial Field on July 23, 2023 in Philadelphia, Pennsylvania. (Photo by Mike Stobe/Getty Images) — Erling Haaland of Manchester City in action during the preseason friendly match between Manchester City and Yokohama F.Marinos at National Stadium on July 23, 2023 in Tokyo, Japan. (Photo by Masashi Hara/Getty Images) — Ryan Gravenberch of Bayern Muenchen and Joao Schmidt of Kawasaki Frontale compete for the ball during the pre-season friendly match between Kawasaki Frontal and Bayern Muenchen at National Stadium on July 29, 2023 in Tokyo, Japan. (Photo by Etsuo Hara/Getty Images) — Alphonso Davies of Bayern Munich looks on during the pre-season friendly match between Kawasaki Frontal and Bayern Muenchen at National Stadium on July 29, 2023 in Tokyo, Japan. (Photo by Hiroki Watanabe/Getty Images) — Erling Haaland of Manchester City and Mario Hermoso of Atletico Madrid compete for a header during the preseason friendly match between Atletico Madrid and Manchester City at Seoul World Cup Stadium on July 30, 2023 in Incheon, South Korea. (Photo by Chung Sung-Jun/Getty Images) — Kevin De Bruyne of Manchester City take a penalty shoot during the match between Manchester City against Arsenal at Wembley Stadium on August 6, 2023 in London, England. (Photo by Sebastian Frej/MB Media/Getty Images) — Bernardo Silva of Manchester City control ball during The FA Community Shield match between Manchester City against Arsenal at Wembley Stadium on August 6, 2023 in London, England. (Photo by Sebastian Frej/MB Media/Getty Images) — Erling Haaland of Manchester City and Gabriel Magalhaes of Arsenal in action during The FA Community Shield match between Manchester City against Arsenal at Wembley Stadium on August 6, 2023 in London, England. (Photo by Sebastian Frej/MB Media/Getty Images) — Virgil van Dijk #4 of Liverpool scores his team's second goal off a header against Bayern Munich during the first half of the pre-season friendly at the National Stadium on August 02, 2023 in Singapore. (Photo by Yong Teck Lim/Getty Images) — Pau Torres of Aston Villa during the Premier League match between Newcastle United and Aston Villa at St. James Park on August 12, 2023 in Newcastle upon Tyne, England. (Photo by Robbie Jay Barratt - AMA/Getty Images) — Rodri of Manchester City looks dejected as he is consoled by teammate Erling Haaland following the team's loss during the penalty shootout in The FA Community Shield match between Manchester City against Arsenal at Wembley Stadium on August 06, 2023 in London, England. (Photo by Tom Flathers/Manchester City FC via Getty Images) — William Saliba of Arsenal poses during the Arsenal Men's team photocall at London Colney on August 08, 2023 in St Albans, England. (Photo by David Price/Arsenal FC via Getty Images) — Erling Haaland of Manchester City and William Saliba of Arsenal challenge during The FA Community Shield match between Manchester City and Arsenal at Wembley Stadium on August 6, 2023 in London, England. (Photo by Sportsphoto/Allstar via Getty Images) — Rodri of Manchester City competes with Joan Jordan of Sevilla FC during the UEFA Super Cup 2023 match between Manchester City FC and Sevilla FC at Karaiskakis Stadium on August 16, 2023 in Piraeus, Greece. (Photo by Chris Brunskill/Fantasista/Getty Images) — Bernardo Silva and Erling Haaland of Manchester City during the Premier League match between Burnley FC and Manchester City at Turf Moor on August 11, 2023 in Burnley, England. (Photo by Robbie Jay Barratt - AMA/Getty Images) — William Saliba of Arsenal is challenged by Brennan Johnson of Nottingham Forest during the Premier League match between Arsenal FC and Nottingham Forest at Emirates Stadium on August 12, 2023 in London, England. (Photo by David Price/Arsenal FC via Getty Images) — A general view at Etihad Stadium, home stadium of Manchester City at dusk as Julian Alvarez of Manchester City scores a goal to make it 1-0 during the Premier League match between Manchester City and Newcastle United at Etihad Stadium on August 19, 2023 in Manchester, England. (Photo by Robbie Jay Barratt - AMA/Getty Images) — Sven Botman of Newcastle United, Erling Haaland of Manchester City and Fabian Schar of Newcastle United challenge during the Premier League match between Manchester City and Newcastle United at Etihad Stadium on August 19, 2023 in Manchester, United Kingdom. (Photo by Neal Simpson/Sportsphoto/Allstar via Getty Images) — Phil Foden of Manchester City during the Premier League match between Manchester City and Newcastle United at Etihad Stadium on August 19, 2023 in Manchester, England. (Photo by Robbie Jay Barratt - AMA/Getty Images) — Kevin De Bruyne of Manchester City is embraced by teammates Erling Haaland as he leaves the pitch with an injury during the Premier League match between Burnley FC and Manchester City at Turf Moor on August 11, 2023 in Burnley, England. (Photo by James Gill - Danehouse/Getty Images) — Pau Torres of Aston Villa In action during the Premier League match between Newcastle United and Aston Villa at St. James Park on August 12, 2023 in Newcastle upon Tyne, England. (Photo by Neville Williams/Aston Villa FC via Getty Images) — Matheus Cunha of Wolverhampton Wanderers is challenged by Raphael Varane of Manchester Unitedduring the Premier League match between Manchester United and Wolverhampton Wanderers at Old Trafford on August 14, 2023 in Manchester, England. (Photo by Stu Forster/Getty Images) — Raphael Varane of Manchester United walks off after the Premier League match between Manchester United and Wolverhampton Wanderers at Old Trafford on August 14, 2023 in Manchester, England. (Photo by Matthew Peters/Manchester United via Getty Images) — Erling Haaland of Manchester City arrives at the stadium prior to the UEFA Super Cup 2023 match between Manchester City FC and Sevilla FC at Karaiskakis Stadium on August 16, 2023 in Piraeus, Greece. (Photo by Tom Flathers/Manchester City FC via Getty Images) — Erling Haaland of Manchester City poses for a photograph with the UEFA Super Cup trophy after the team's victory in the UEFA Super Cup 2023 match between Manchester City FC and Sevilla FC at Karaiskakis Stadium on August 16, 2023 in Piraeus, Greece. (Photo by Tom Flathers/Manchester City FC via Getty Images) — Erling Haaland of Manchester City controls the ball whilst under pressure from Kieran Trippier of Newcastle United during the Premier League match between Manchester City and Newcastle United at Etihad Stadium on August 19, 2023 in Manchester, England. (Photo by Lexy Ilsley - Manchester City/Manchester City FC via Getty Images) — Manchester City head coach Pep Guardiola celebrates after the Premier League match between Manchester City and Newcastle United at Etihad Stadium on August 19, 2023 in Manchester, England. (Photo by Stu Forster/Getty Images) — Sven Botman of Newcastle in action during the Premier League match between Manchester City and Newcastle United at Etihad Stadium on August 19, 2023 in Manchester, England. (Photo by Stu Forster/Getty Images) — Erling Haaland of Manchester City shoots during the Premier League match between Manchester City and Newcastle United at Etihad Stadium on August 19, 2023 in Manchester, England. (Photo by James Gill - Danehouse/Getty Images) — Erling Braut Haaland of Molde FK in action against FK Haugesund during a Norwegian Eliteserien league match at Haugesund Stadium on March 18, 2018 in Haugesund, Norway. (Photo by Andrew Halseid-Budd/Getty Images) — Erling Haaland of Norway and Luca Hermann of Germany go up for a header during the UEFA Under19 European Championship Qualifier match between Germany and Norway at Stadion Grosse Wiese on March 24, 2018 in Huesten, Germany. (Photo by Christof Koepsel/Bongarts/Getty Images) — Erling Haaland of Red Bull Salzburg during the UEFA Champions League group E match between Liverpool FC and RB Salzburg at Anfield on October 2, 2019 in Liverpool, United Kingdom. (Photo by Robbie Jay Barratt - AMA/Getty Images) — Manchester City Replica Shirts with the name of Erling Haaland - 9 on are seen for sale inside the club shop during the Manchester City Summer Signing Presentation Event at Etihad Stadium on July 10, 2022 in Manchester, England. (Photo by Manchester City FC/Manchester City FC via Getty Images) — Erling Braut Haaland of Borussia Dortmund looks on during day two of the Borussia Dortmund winter training camp on January 05, 2020 in Marbella, Spain. (Photo by TF-Images/Bongarts/Getty Images) — Erling Haaland of Manchester City celebrates scoring with team mate Phil Foden during the Premier League match between Manchester City and Arsenal FC at Etihad Stadium on April 26, 2023 in Manchester, United Kingdom. (Photo by Joe Prior/Visionhaus via Getty Images) — Manchester City's Erling Haaland takes on Arsenal's William Saliba and Thomas Partey during The FA Community Shield match between Manchester City against Arsenal at Wembley Stadium on August 6, 2023 in London, England. (Photo by Rob Newell - CameraSport via Getty Images) —